Enid Blyton

Die schönsten Kindergeschichten

Enid Blyton

Die schönsten Kindergeschichten

C. Bertelsmann

Dieser Band enthält ausgewählte Geschichten aus:
Mit Enid Blyton durch das Jahr. Frühlingsgeschichten
Mit Enid Blyton durch das Jahr. Herbstgeschichten
Englische Originaltitel:
Tales of Green Hedges · The Good Morning Book · Now for a Story
Aus dem Englischen von Joana York

Einbandillustration: Magdalene Hanke-Basfeld
Illustrationen von Ruth von Hagen-Torn
Gesamtherstellung: Mohndruck Graphische Betriebe GmbH, Gütersloh
ISBN 3-570-02780-5 · Printed in Germany

Inhalt

Das Geheimnis der Elfen	9
Bibi backt Kuchen	16
Die Puddingstadt	29
Eine abscheuliche Überraschung	42
Wie gut!	48
Zwinkels Pelzmantel	57
Von den Schuhen, die reden konnten	68
Runzeln für die Himmelsschlüsselchen	83
Schnipps	91
Die kleine Schildkröte	96
Bruder Karnickel kauft Stiefel	109
Herrn Quinks Garten	117
Die schneeweiße Taube	131
Die grüne Plüschente	141
Von der Frau mit dem Stock	152
Die Geschichte von Schnickschnack	160

Andreas und die Rotkehlchen	170
Altweibersommer	179
Der schmutzige alte Teddybär	188
Ein Zauber für Herrn Dummerjan	195
Drüsselfrühstück	204
Der abenteuerlustige Ballon	210

Das Geheimnis der Elfen

Was jetzt kommt, ist eine alte Geschichte, die ihr vielleicht schon einmal gehört habt – aber das Geheimnis, um das es in dieser Geschichte geht, ist so schön, daß ihr sie bestimmt noch einmal hören wollt.
Elfen haben nur wenige Sachen, die ihnen selber gehören, besonders die Elfen, die in Blumen leben. Manche besitzen vielleicht einen besonderen Schal für kalte Nächte, andere ein Halsband, das sie nur tragen, wenn sie zu einem Fest gehen. Alle besitzen besondere Tanzschuhe, kleine goldene, die hell schimmern, wenn sie des Nachts tanzen.
Die Feldmäuse nun, deren Pfoten genauso winzig sind wie die Füße der Elfen, waren immerzu hinter diesen goldenen Schuhen her, weil sie sie selber tragen

wollten! Dann konnten auch sie viele Stunden lang leichtfüßig umhertanzen. Wo also auch immer die Elfen ihre Schuhe versteckten – die Mäuse stöberten sie auf und stahlen sie!

»Das ist wirklich nicht schön«, sagten die Elfen eines Nachts, als sie ihre Tanzschuhe unter den Veilchenblättern hervorholen wollten, wo sie sie diesmal versteckt hatten.

»Alle unsere Schuhe sind wieder verschwunden!«

»Wieder diese Mäuse!« sagten die Wichtel ärgerlich.

»Nun können wir wochenlang nicht tanzen«, seufzten die Elfen. »Wir haben kein Geld mehr, um uns beim Schuster neue Schuhe zu kaufen.«

Nach einer Weile ließen sich die Elfen neue Schuhe machen, und sie gefielen ihnen ganz besonders gut, denn der Schuster hatte winzige Schnallen daraufgesetzt mit einem blinkenden Tautropfen als Glitzerstein in der Mitte!

»Diese Schuhe sind wirklich zu kostbar, als daß wir sie uns von diesen garstigen Mäu-

sen stehlen lassen sollten!« sagten die Elfen, als sie sie anprobierten.
»Wir verstecken sie tief unten in einem Wurmloch«, sagten die Wichtel, und das taten sie auch, als der Tanz in der Nacht zu Ende war. Sie banden alle ihre Schuhe mit einer langen Schnur aneinander und ließen sie in das unbewohnte Wurmloch hinunter.
Aber ein blankäugiger Mäuserich hatte sie dabei beobachtet, und nun zuckten seine Barthaare vor innigem Vergnügen. »Noch

mehr Schuhe! Ha! Mäusefüße trippeln morgen übers Feld und tanzen die Mäusepolka und den Schwanzdreher! Ich laufe schnell und erzähl es den anderen!«

Er rannte davon, und die Mäuse waren bald um das Loch herum versammelt – beim ersten Sonnenstrahl, als die Elfen, müde nach den Spielen der Nacht, tief und fest in Löwenzahnblüten und anderen Blumen schliefen.

Die Mäuse steckten ihre kleinen Vorderpfoten in das Loch und versuchten, die Tanzschuhe herauszuziehen. Aber sie reichten mit ihren Pfoten nicht tief genug.

»Ich grabe einen Gang von meinem Loch zu diesem Wurmloch!« sagte der Mäuserich. Bald war der unterirdische Gang zum Wurmloch gegraben, und er zerrte die Schuhe in sein eigenes Loch hinüber und verteilte sie unter die kleinfüßigen Mäuse. Oh, sahen die schick aus in ihren kessen goldenen Schuhen!

Aber die Elfen waren sehr traurig, als sie feststellen mußten, daß ihre neuen Schuhe gestohlen worden waren. Sie suchten überall, aber die Mäuse hatten sie gut ver-

steckt, und sie fanden sie niemals wieder.
»Es hat wirklich keinen Zweck, daß wir uns neue Schuhe kaufen, wenn sie uns jedesmal wieder gestohlen werden«, sagten die Wichtel.
»Dann müssen wir eben ein wirklich gutes Versteck finden!« sagten die Elfen. »Und von nun an werden wir unsere Schuhe verzaubern, und zwar so: Falls jemand sie aus dem Versteck herausholt, sind es keine Schuhe mehr!«
Also machten sie sich auf die Suche nach einem guten Versteck. Sie suchten und suchten.
»Unten in den Mohnblumen wäre ein guter Platz«, sagte ein Wichtel. »Da könnten wir die Schuhe mit den schwarzen Staubfäden zudecken.«
»Da würden sie aber schwarz werden«, meinte ein Heinzelmädchen. »Nein, das ist wohl nicht das richtige. Wie wäre es mit dem Fingerhut? Innen drin, meine ich.«
»Blödsinnige Idee!« sagten die Elfen wie aus einem Munde. »Die Hummeln kriechen da doch jeden Tag rein, und die würden's sofort überall rumbrummeln, wenn

sie unsere Schuhe da hinten drin beim Nektar versteckt fänden. Überleg doch mal, Heinzelmädchen!«
Also überlegte das Heinzelmädchen noch einmal – und nun fiel ihm ein wirklich gutes Versteck ein; o nein, *das* würden die Mäuse ganz bestimmt nicht finden. Also versteckten alle Elfen und Wichtel und Heinzelmädchen nach dem nächsten Tanz ihre Schuhe an der Stelle – und dann verzauberten sie die Schuhe auch noch so, daß sie sich in etwas anderes verwandeln würden, falls jemand sie wegnahm.
Die Mäuse suchten überall. Sie schnupperten in den Butterblumen, sie machten sich die Nase schwarz, weil sie im rußigen Kelchboden der Mohnblüten herumschnüffelten, sie suchten in jedem Wurmloch, das sie nur finden konnten, und machten die Würmer sehr, sehr ärgerlich.
Aber sie konnten nichts finden! Keinen einzigen Schuh haben sie gesehen, und sie haben das Geheimnis der Elfen bis heute nicht aufgedeckt.
Würdet ihr gern wissen, was das Geheimnis war? Nun, ich will es euch sagen – aber

versucht bitte nicht, die Schuhe wegzunehmen, nein? Denn sie sind ganz bestimmt *keine* Elfentanzschuhe mehr, wenn ihr sie einmal aus dem Versteck gezogen habt!
Falls ihr sie mal sehen wollt, dann geht hin und sucht nach der Taubnessel mit den großen weißen Blüten, die überall auf Feldrainen und an Hecken und Wegrändern wächst. Guckt in die Blüte hinein, aber *oben*, nicht unten – und da werdet ihr, fein säuberlich in Paaren geordnet, die versteckten goldenen Tanzschuhe der Elfen und Heinzelmädchen und Wichtel sehen!
Ist das nicht wirklich ein gutes Versteck? Ihr dürft die kleinen Schuhe mal ganz sachte berühren. Vielleicht bleibt ein Zauber in eurem Finger zurück, der euch den ganzen Tag lang Glück bringt!

Bibi backt Kuchen

Es war sehr heiß, so heiß, daß Bibi nur einen Spielanzug trug. Es war eigentlich noch Frühling, und Mami sagte, wenn es jetzt schon so heiß ist, wie heiß soll es dann erst im Sommer werden?

»Ach, schön«, sagte Bibi, die gern fast gar nichts anhatte. Sie trug auch keine Schuhe im Garten. »Mir gefällt es so gut, Mami. Ich wollte nur, wir wären am Meer, dann könnte ich baden.«

»Hm, ich weiß, was wir machen«, sagte ihre Mutter. »Jeden Abend, bevor du zu Bett gehst, begieße ich dich.«

»Mich begießen!« rief Bibi überrascht. »Wie meinst du das, Mami?«

»Genauso, wie ich's sage«, antwortete Mami. »Ich fülle lauwarmes Wasser in die Gießkanne, und dann begieße ich dich,

bevor du zu Bett gehst. Das macht dir bestimmt Spaß.«
»O ja!« sagte Bibi entzückt. »Ganz bestimmt!«
Sie spielte im heißen Garten. Das Gras sah gelb aus, nicht grün. Alles war trocken und staubig. Ob die Vögel irgendwelche Pfützen hatten, aus denen sie trinken konnten? Bestimmt waren sie durstig, wo jetzt alle Pfützen weggetrocknet waren. Also goß Bibi Wasser in eine kleine Schale und stellte die Schale ins Gras. Es machte Spaß zuzuschauen, wenn die Vögel kamen, um daraus zu trinken.
»Sie trinken so niedlich«, sagte Bibi. »Sie tauchen den Schnabel ein, und dann kippen sie den Kopf zurück, Mami, und lassen sich das Wasser in die Kehle laufen.«
Als es Abend wurde, füllte Mami eine große Gießkanne mit lauwarmem Wasser und rief Bibi.
»Komm und laß dich begießen!«
»Wachse ich jetzt davon, wie die Blumen?« rief Bibi, vor der Kanne auf und ab tanzend.
Mami kippte die Kanne. Bibi quiekte laut.

Obwohl das Wasser nicht kalt war, fühlte es sich doch kalt an auf ihrer sonnenwarmen Haut. Sie hopste herum und quiekte vor Aufregung und Vergnügen.

»Das Wasser hat eine hübsche Schlammpfütze auf der Erde gemacht«, rief sie. »Guck – meine Zehen sind ganz braun und schlammig davon.«

»Du wirst sie dir gründlich waschen müssen«, sagte Mami, während sie die Gießkanne von neuem füllte. »Komm – noch einen Guß, dann mußt du ins Bett.«

Der Fleck auf dem Weg war wahrhaftig sehr naß und schlammig, nachdem sich auch die zweite Kanne über Bibi ergossen hatte. »Wenn der Matsch morgen noch da ist, backe ich kleine Kuchen daraus«, sagte Bibi.

Die Erde war auch am nächsten Morgen noch schön feucht und matschig an der Stelle. Nach dem Frühstück ging Bibi hin und stocherte mit den Fingern darin herum. »Ich mache kleine Törtchen und Kuchen aus Matsch und lasse sie in der Sonne trocknen«, dachte sie. »Das wird ein schönes Spiel.«

Mami rief: »Wenn du in dem Matsch spielen willst, mußt du aber einen Kittel über den hübschen sauberen Spielanzug ziehen. Komm schnell!«
Bibi lief ins Haus. Als sie wieder in den Garten kam, wartete schon jemand anderes in ihrer Matschpfütze: ein kleiner Vogel mit einem weißen Tupfer am Ansatz seines langen dunklen Schwanzes und unter der Brust. Er guckte Bibi an, und dann kratzte er ein bißchen Matsch mit dem Schnabel zusammen.
»Oh!« sagte Bibi erfreut. »Machst du auch Kuchen? Ich habe noch nie einen Vogel gekannt, der mit Matsch spielt. Spiel doch mit mir!«
Der kleine Vogel zwitscherte, nahm eine gute Portion Matsch in den Schnabel und erhob sich plötzlich auf gebogenen Schwingen in die Luft. Bibi sah, daß sein Schwanz gegabelt war.
»Wäre er doch nicht weggeflogen!« dachte sie. »Es hätte Spaß gemacht, mit ihm zu spielen. Wahrscheinlich hat er den Matsch hier geholt und backt jetzt anderswo Matschkuchen!«

Plötzlich kam der kleine Vogel zurück. Er guckte Bibi an, und Bibi guckte ihn an. Vielleicht war Bibi so ein Kind, das mit Steinen nach ihm warf? Oder schrie und ihn verscheuchte?
Das war Bibi aber nicht. Sie war so wie ihr. Sie hatte Vögel gern und wollte, daß sie dicht bei ihr blieben, damit sie sich anguk-ken und sich mit ihnen anfreunden konnte.
Sie saß ganz still da und beobachtete den Vogel. Er ging wieder an den Matsch und machte sich daran, noch mehr zusam-menzukratzen. Dann kam ein anderer Vo-gel, der genauso aussah, herbeigeflogen und fing ebenfalls an, im Matsch herumzu-spielen. Bibi war ganz aus dem Häus-chen.
»Alle backen heute Matschkuchen!« sagte sie. »Du liebe Zeit – da kommt noch einer! Und wie sie alle fleißig sind in der Matschpfütze! Ich fange jetzt auch an!«
Sobald die Vögel merkten, daß Bibi ihnen freundlich gesonnen war, wurden sie wahrhaftig sehr, sehr fleißig. Immer wieder füllten sie den Schnabel mit Matsch und

flogen dann ums Haus. Bibi hätte gern gewußt, wohin sie wohl flogen. Den ganzen Morgen flogen sie hin und her.
»Komische kleine Matschkuchenvögel!« sagte sie zu ihnen. »Backt ihr eure Matschkuchen irgendwo oben auf dem Dach? Ich backe meine hier. Guckt mal!«
Die heiße Sonne backte ihre Kuchen wunderbar. Sie legte sie auf einen Teller aus ihrem Teeservice und brachte sie Mami.
»Möchtest du einen Matschkuchen?« sagte sie. »Sie schmecken sehr gut! Und Matschkuchenvögel haben den ganzen Morgen mit mir im Matsch gespielt. Sie sind so nett.«
Mami war überrascht. »Matschkuchenvögel! Wovon sprichst du?«
»Nun, die sind gekommen und haben mit meinem Matsch gespielt und eine ganze Menge davon weggeschleppt, um Matschkuchen daraus zu backen. Ich nehme an, sie haben sie oben auf dem Dach gebacken«, sagte Bibi.
Mami glaubte, es sei nur so eine von Bibis selbsterfundenen kleinen Geschichten. Sie tat so, als esse sie Bibis Matschku-

chen, und bot dann Bibi einen Wecken aus dem Backofen an.
»Ich habe auch gebacken«, sagte sie. »Möchtest du einen heißen Wecken? Und jetzt machst du wohl mal besser Schluß mit dem Spielen im Matsch und wäschst dich.«
»Der Matsch ist jetzt weg«, sagte Bibi. »Die Sonne hat ihn hartgebacken.«
Die kleinen Vögel kamen an dem Tag nicht mehr in den Garten. »Sie kommen wohl nur wegen des Matsches«, dachte Bibi. »Nun, wenn Mami mich heute abend wieder begießt, können wir morgen wieder alle zusammen im Matsch spielen.«
Schön groß war die Matschpfütze am nächsten Morgen, und tatsächlich kamen auch wieder die kleinen Vögel und kratzten den Matsch zusammen. Bibi freute sich so!
»Es ist schön, daß ihr mit mir spielt«, sagte sie zu den fleißigen kleinen Vögeln. »Aber ich wollte wirklich, ihr würdet mir erzählen, was ihr mit eurem Matsch macht.«
Sie zwitscherten ihr ein süßes kleines Zwitscherliedchen vor, aber Bibi verstand

nicht, was sie sagten. Sie flogen den ganzen Morgen hin und her, bis die Sonne den Matsch getrocknet hatte.

»Mami, warum holen die Matschkuchenvögel meinen Matsch?« fragte Bibi. »Ich möchte es so gern wissen. Ich wußte nämlich gar nicht, daß Vögel Matsch so gern haben.«

Vati hörte es und schaute von seiner Zeitung auf. »Was redest du da von Matschkuchenvögeln?« fragte er. Und Bibi erklärte es ihm.

»Ah«, sagte er. »Jetzt weiß ich, welchen Vogel du meinst. Deine Matschkuchenvögel sind Mehlschwalben, Vettern der hübschen Rauchschwalben, die wir den ganzen Sommer über hoch in der Luft segeln sehen.«

»Mehlschwalben!« sagte Bibi. »*Ich* würde sie Matschschwalben nennen. Was machen sie denn mit dem Matsch?«

»Komm mit, ich zeig's dir«, sagte Vati. Er nahm Bibi bei der Hand und ging mit ihr nach oben. Sie gingen in ihr Zimmer. Vati trat ans Fenster und öffnete es ganz weit.

»Nun schau zum Fenster hinaus und nach

oben – unter die Dachkante«, sagte er. »Sag mir, was du da siehst.«
Bibi beugte sich hinaus und guckte nach oben. »Oh, Vati!« rief sie entzückt. »Da sind die Matschkuchenvögel! Sie machen gerade etwas aus meinem Matsch. Was ist das denn?«
»Ein Nest«, sagte Vati. »Die Mehlschwalbe baut ihr Nest nicht aus trockenen Blättern und Zweigen und Moos, wie die meisten anderen Vögel. Sie baut es aus Schlamm. Sie holt Schnabel um Schnabel voll Match und klatscht ihn an die Wand, immer ein bißchen weiter nach außen, bis ein schönes rundes Schlammnest fertig ist, mit einem Loch zum Ein- und Ausfliegen. Da in dem Nest ist ein Loch. Guck mal!«
Während Bibi noch hinguckte, kam einer von den kleinen Vögeln mit einer Schnabelladung Schlamm von irgendwoher heraufgeflogen und drückte sie an den Rand seines Nestes.
»Siehst du?« sagte Vati. »Er bringt feuchten Matsch, der dann von der Sonne hartgebacken wird. Das ist dann ein ganz fabelhaftes Nest, in das seine kleine Frau

ihre Eier legen und wo sie die Jungen großziehen kann.«

»Oh, Vati! Sie machen ein Nest aus *meinem* Matsch, aus dem Matsch, der entstanden ist, wenn Mami mich abends begossen hat!« sagte Bibi entzückt. »Ich konnte mir gar nicht vorstellen, warum die Matschvögel kamen und im Matsch patschten. Ich wußte nicht, daß sie Schlammnester bauten – und noch dazu über meinem Fenster, schön geschützt unter der Dachkante! Da werde ich sie den ganzen Tag rufen und zwitschern hören. Guck – da hinten ist noch ein Nest. Du reißt sie doch nicht runter, nicht?«

»Aber natürlich nicht!« sagte Vati. »Da können sie glücklich und in Frieden nisten; die Katzen kommen nicht heran. Später sehen wir dann, wie die Jungen den Schnabel aus den Löchern in den Schlammnestern stecken.«

Und so war es denn auch! Die Mehlschwalben legten Eier in ihre seltsamen Schlammnester, und wenige Wochen später sah Bibi drei oder vier winzige Köpfchen aus dem Loch in dem Nest über

ihrem Fenster lugen; die kleinen Schwälbchen warteten darauf, daß Vater und Mutter mit Fliegen oder Mücken zurückkamen und sie fütterten.
Noch später flogen die kleinen Vögel mit ihren Eltern hoch in die Luft und lernten den Sturzflug, das Schweben und das Gleiten, und sie lernten auch dabei, wie man die hunderterlei Insekten fing, die in der Luft herumschwärmten. Vati sagte, daß sie sich tüchtig nützlich machten, denn die Fliegen seien eine Plage.
Und nach vielen Monaten waren sie eines Tages plötzlich alle verschwunden. Bibi schaute zum Himmel auf, aber da waren sie nicht.
»Sie sind nach Süden geflogen, wo es wärmer ist«, sagte Vati. »Da finden sie jetzt mehr als genug Insekten. Unser Winter kommt jetzt, und den mögen sie nicht.«
»Ich möchte aber nicht, daß sie wegfliegen«, sagte Bibi traurig.
»Nun, im Frühling kommen sie wieder zurück«, sagte Vati. »Und du, Bibi – falls es wieder heiß und trocken ist, wenn sie zurückkommen, mußt du wieder eine Matsch-

pfütze machen; dann kommen sie und holen deinen Matsch und bauen wieder ein Nest über deinem Fenster. Sie kommen gern zum selben Platz zurück, wenn sie können.«

Also wird Bibi natürlich nach ihnen Ausschau halten, wenn der Frühling kommt. Ihr müßt auch mal aufpassen, und falls im Frühsommer, wenn die Matschkuchenvögel nisten wollen, das Wetter heiß und trocken ist, könnt ihr es genauso machen wie Bibi – ihr rührt ihnen eine Schlammpfütze an und guckt zu, wie sie angeflogen kommen und den Schlamm schnabelweise wegtragen.

Vielleicht bauen sie auch über eurem Fenster ein Nest. Das würde euch doch gefallen, oder?

Die Puddingstadt

Joachim aß für sein Leben gern Pudding. Seine Mutter machte oft einen großen für ihre vier Kinder und goß süßen, goldgelben Sirup darüber. Für Joachim war es der schönste Pudding der Welt.

Er war gierig. Er aß sein Stück Pudding so schnell, wie es eben ging, damit er vor den anderen um eine zweite Portion bitten konnte.

»Schling nicht, Joachim«, sagte seine Mutter. Aber da er schlang, weil er mehr haben wollte als die anderen, schlang er immer weiter.

Beim Kaffee schlang er seine Butterschnitten hinunter, damit er mehr Kuchen als die anderen haben konnte, besonders wenn es Schokoladenkuchen gab. Die anderen Kinder ärgerten sich darüber. »Das

ist nicht fair«, sagten sie. »Du bist gierig, Joachim, und du versuchst immer, mehr zu kriegen, als dir zusteht!«
Eines Tages gab es einen schönen Pudding mit Sirup als Nachtisch. Joachim nahm sich zweimal tüchtig – und dann sagte seine Mutter, der Rest des Puddings werde für seine Schwester Ellen aufbewahrt, die an dem Tag erst später nach Hause kam. Joachim guckte zu, wie seine Mutter den Pudding in die Speisekammer brachte. Ach, er hätte so gerne, so gerne noch *ein* Stück gegessen, obwohl er wirklich schon mehr als genug gehabt hatte.
Seine Mutter ging in den Garten, um Wäsche aufzuhängen. Joachim öffnete die Speisekammertür und spähte hinein. Da stand der Rest des Puddings, noch auf dem Teller, warm und süß und klebrig! Joachim guckte und guckte und konnte sich nicht sattsehen.
Und was glaubt ihr, was er dann machte? Er schlich an das Regal heran, nahm einen Löffel und schlang den restlichen Pudding hinunter!
War das nicht garstig? Als er den letzten

Rest verputzt hatte, bekam er auf einmal einen Schreck. Was würde seine Mutter jetzt sagen? Was würde seine Schwester mit ihm machen? Bestimmt würde sie ihn verhauen und an den Haaren reißen, denn wenn sie wütend war, konnte sie sehr rauh werden.

Joachim rannte in den Garten, zwängte sich durch die Hecke und setzte sich auf dem Feld dahinter hin.

»Ich wünschte, ich brauchte nicht wieder nach Hause zu gehen«, dachte er bei sich. »Wenn ich gehe, gibt es ganz bestimmt Ärger!«

Er seufzte schwer, und ein kleiner Mann, der gerade eilig vorbeikam, blieb stehen und sah ihn erstaunt an.

»Was ist denn los?« fragte er.

»Ach, ich will nur nicht wieder nach Hause gehen«, sagte Joachim. »Ich habe Angst, daß ich verhauen werde.«

»Armer Junge«, sagte der kleine Mann. Er hatte einen langen Bart, der ihm fast bis an die Zehen reichte, und die blankesten grünen Augen, die Joachim jemals gesehen hatte. »Nun, warum willst du denn nicht

nach Hause gehen? Kannst du sonst nirgendwohin?«
»Nein«, sagte Joachim. »Aber – oh! Ich wünschte, ich könnte irgendwo hingehen, wo ich soviel Pudding mit Sirup und Schokoladenkuchen essen kann, wie ich will! Zu Hause bekomme ich nie genug.«
»Oje!« sagte der kleine Mann. Er war ein Zwerg, aber das wußte Joachim nicht. »Hm, ich glaube, ich kann dir helfen. Willst du mit mir nach Puddingstadt kommen? Das ist gar nicht weit von hier.«
Joachim traute seinen Ohren nicht. Puddingstadt! Das klang ja wunderbar! Er sprang sofort auf.
»Ich geh mit«, sagte er. »Gibt es da wirklich so viel Pudding?«
»O ja«, sagte der Zwerg. »Und auch Schokoladenkuchen. Die Stadt ist dafür berühmt. Da wird nichts anderes gemacht als Pudding und Schokoladenkuchen. Mein Vetter wohnt da. Er wird dich gern bei sich aufnehmen.«
Nun, der gierige kleine Joachim war überhaupt nicht mehr zu halten. Er vergaß, daß seine Mutter sich Sorgen um ihn machen

würde. Er vergaß, daß er nachmittags eigentlich Hausaufgaben machen mußte. Er wollte so schnell wie möglich zu diesen Puddings und Schokoladenkuchen. Also ging er mit dem Zwerg.
Sie überquerten die Wiese, kletterten über den Zauntritt und gingen in den Wald. Und mitten in dem Wald lag Puddingstadt. Joachim staunte mit offenem Mund. Es war ein höchst ungewöhnlicher Ort.
»Ach je, die Häuser sehen ja alle aus wie Puddings oder Schokoladenkuchen!« rief er. »Wie komisch! Und da der Bach – bestimmt fließt statt Wasser Sirup darin!«
»Hier wohnt mein Vetter«, sagte der Zwerg, während er ein winziges Häuschen betrat, das wie eine Geburtstagstorte aussah. Die Schornsteine obendrauf sahen wie drei qualmende Kerzen aus.
»Tipfel! Tipfel! Bist du zu Hause?« rief der Zwerg. »Ich habe Besuch mitgebracht.«
»Er kann gern bei mir bleiben«, sagte Tipfel, der so ähnlich wie sein Vetter aussah. Er roch nach Schokolade. Ja, das ganze Dorf roch nach Schokolade und Sirup. Das war so richtig was für Joachim.

»Na, dann auf Wiedersehen, Joachim«, sagte der erste Zwerg. »Ich hoffe, es gefällt dir hier. Du kannst soviel essen, wie du willst.«

Joachim war ganz aus dem Häuschen. »Tatsächlich?« fragte er. »Ich habe nicht viel zu Mittag gegessen. Kann ich ein bißchen Pudding mit Sirup haben?«

»Natürlich«, sagte Tipfel. Er ging in die Küche und kam mit einer Schüssel, in der ein großer, mit gelbem Sirup übergossener Pudding dampfte. »Nimm dir nur. Ich will keinen.«

Nun, vielleicht glaubt ihr's nicht, aber Joachim aß den ganzen Pudding auf! Tipfel grinste, als er die leere Schüssel sah. »Ich habe noch einen Pudding in der Küche«, sagte er. »Willst du den auch noch haben?«

Aber Joachim hätte nun nicht einmal mehr einen winzig kleinen Klacks essen können, so vollgestopft war er. Er schüttelte den Kopf. »Ich möchte am liebsten schlafen«, sagte er.

»Das glaube ich auch«, sagte Tipfel. Er zeigte Joachim ein Sofa, und der Junge

legte sich hin. Er schlief bis zur Kaffeezeit. Dann wachte er auf. Er roch frisch gebakkene Schokoladentörtchen und freute sich.
»Hallo!« sagte Tipfel, der gerade hereinkam, um den Kaffeetisch zu decken. »Kaffeezeit! Frischer Kuchen!«
Joachim stand auf und setzte sich an den Tisch. Tipfel stellte drei Teller auf den Tisch – einen mit kleinen Schokoladentörtchen, einen mit einem viereckigen Schokoladenkuchen und einen mit einem runden.
»Juchhe! Keine Butterschnitten!« sagte Joachim befriedigt.
»O nein, hier gibt's keine Butterschnitten!« sagte Tipfel. »Nur Kuchen. Bedien dich. Ich will nichts.«
Joachim kam es komisch vor, daß jemand keinen Kuchen haben wollte, aber dadurch blieb ja nun um so mehr für ihn übrig! Er aß all die kleinen Törtchen. Er aß den halben runden Schokoladenkuchen, und dann machte er sich an den viereckigen. Aber, oje, wie schade! Er war noch nicht halb damit fertig, da mochte er plötzlich nicht

mehr! Er trank seinen Kakao und ging nach draußen.
In allen Läden wurde Pudding und Schokoladenkuchen verkauft – und sonst nichts! Joachim guckte sich zwei oder drei Schaufenster an, und dann wurde es ihm ziemlich langweilig, immer dasselbe zu sehen, und er wünschte, er könnte einen Spielzeugladen finden. Aber es gab keinen.
Er traf ein paar Zwergenkinder und spielte eine ganze Weile mit ihnen. Sie mochten ihn und luden ihn zum Abendessen in ihr Haus ein.
Joachim hatte allmählich wieder Hunger. Er ging mit den Kindern nach Hause und fragte sich, was es wohl zum Abendessen geben werde.
Was meint ihr, was es gab? Ja – einen großen runden Pudding mit Sirup darauf! Joachim guckte ihn sich an. Er freute sich lange nicht so darauf, wie er sich auf den beim Mittagessen gefreut hatte. Trotzdem schaffte er immerhin zwei Portionen. Dann kehrte er zu Tipfel zurück und zog sich aus und legte sich schlafen.

Am nächsten Morgen hatte er wieder Hunger. Ob es wohl Schinken und Eier zum Frühstück geben würde? Und vielleicht Brot und Butter und Marmelade? Ah, lekker! Er lief nach unten.
Aber, oje! Tipfel stellte gerade einen Pudding mit Sirup auf den Frühstückstisch! Joachim war ziemlich enttäuscht darüber.
»Du scheinst dich nicht gerade zu freuen über meinen schönen Pudding«, sagte Tipfel beleidigt. »Nun, es gibt nichts anderes. Ich habe noch keinen Schokoladenkuchen gebacken. Iß deinen Pudding!«
Und Joachim aß seinen Pudding, aber irgendwie schmeckte er ihm nicht. Pudding mit Sirup wurde ihm allmählich über. Und er wurde ihm noch mehr über, als er sich an den Mittagstisch setzte und feststellen mußte, daß es wieder nichts anderes als Schokoladenplätzchen und Pudding mit Sirup gab. Er hatte deutlich das Gefühl, daß er nichts mehr davon essen *konnte*.
»Wenn es wenigstens Reispudding mit Apfelkompott wäre!« sagte Joachim zu Tipfel.
Tipfel machte ein böses Gesicht. »Du

gräßlicher, undankbarer Junge!« sagte er. »Warum bist du denn nach Puddingstadt gekommen? Mein Vetter hat gesagt, du seist ein sehr gieriger, gefräßiger Junge und würdest liebend gern soviel essen, wie ich für dich kochen kann – und jetzt ißt du zum allerersten mal bei mir zu Mittag und rümpfst die Nase über meinen leckeren Pudding. Iß ihn gefälligst sofort auf!«

»Ich kann nicht«, sagte der arme Joachim. »Mir würde übel davon. Ich würde richtig krank werden. Der sieht mir irgendwie ganz ekelhaft aus, dieser Pudding mit dem Sirup darauf!«

Tipfel war sehr zornig. Er nahm den Pudding in die Hand und warf ihn Joachim mitten ins Gesicht. Er klatschte ihm auf die Nase, und klebriger Sirup lief ihm am Kinn entlang in den Hals. Dann bewarf ihn Tipfel mit Schokoladentörtchen.

Joachim rannte weinend aus dem Haus. Er war sehr unglücklich und wollte zu seiner Mutter.

Er rannte durch die Stadt. Er rannte durch den Wald. Er kletterte über den Zauntritt und rannte querfeldein nach Hause. Er rannte durch den Garten und stürzte in die Küche. Da war seine Mutter und backte gerade Schokoladenkuchen.

»Mutter! Mutter!« rief Joachim und umschlang sie mit beiden Armen. »Hast du dich schon gewundert, wo ich die ganze Zeit war?«

»Nein«, sagte seine Mutter überrascht. »Es ist doch erst eine Stunde seit dem Mittagessen vergangen.«

Da wurde Joachim klar, daß ein Tag in Puddingstadt nur eine Stunde in unserer Welt war, und er war froh darüber. Aber er mußte sofort seiner Mutter noch etwas gestehen.

»Mutter«, sagte er, »bitte, verzeih mir – aber ich habe den ganzen Pudding aufgegessen, der in der Speisekammer stand.«

»Oh, Joachim, das war aber ungezogen von dir!« sagte seine Mutter empört. »Nur gut, daß Ellen nun doch in der Schule gegessen hat. Das darfst du aber nie wiedertun, hörst du? Aber ich verzeih dir, weil du es mir selber gesagt hast. Joachim, hör doch endlich mal auf, so gefräßig zu sein – niemand hat gefräßige Kinder gern.«

»Ich hör ja auf«, versprach Joachim ihr.
»Na, das möchte ich erst noch sehen – wenn die frischen Schokoladenplätzchen auf dem Kaffeetisch stehen!« sagte seine Mutter.
Aber sie erlebte eine Überraschung: Joachim aß kein einziges Schokoladenplätzchen. Und Pudding mit Sirup ißt er auch nicht mehr! Ihm wird schon fast übel, wenn er nur einen auf dem Tisch stehen sieht. Seine Mutter weiß nicht, warum, und kann es sich daher nicht erklären. Aber ich weiß, warum Joachim sich so verändert hat, und du auch, nicht?

Eine abscheuliche Überraschung

Ein Bachstelzenpärchen baute sein Nest im Efeu, der übers Dach hinwegwucherte. Es war ein hübsches Nest, und schon bald lagen vier kleine Eier darin.

»Nun muß ich mich draufsetzen, damit sie warm bleiben«, sagte die Bachstelzin stolz.

Aber zuerst flog sie mit dem Bachstelzerich noch einmal weg, um ein paar Mücken zu fangen, die in der Sonne tanzten.

Während sie weg waren, sah ein großer Kuckuck das Nest, oder besser: eine Kuckucksfrau. Die Kuckucksfrau hatte kein Nest gebaut, aber sie brauchte eins, in das sie ihr Ei legen konnte. Während die Bachstelzen also noch auf Mückenjagd waren, legte die Kuckucksfrau ihr Ei in deren Nest und nahm eins von den Eiern heraus, die

bereits darin lagen. Dann flog sie unter lauten Kuckucksrufen davon.
Die Bachstelzen kamen zurück. Sie merkten nicht, daß eins von den Eiern ein bißchen größer war und nicht genau dieselbe Farbe hatte wie die anderen. Die Bachstelzin setzte sich darauf, um sie auszubrüten. Sie war sehr glücklich. Jeder Vogel hat es gern, wenn er seine warmen kleinen Eier unter sich fühlt.
Aus zwei Eiern schlüpften kleine Vögel aus. Der eine kleine Vogel war größer als der andere. Er war sehr nackt und schwarz und häßlich. Es störte ihn, daß die beiden anderen Eier so dicht neben ihm lagen, und daß der andere kleine Vogel sich an ihn drückte, das störte ihn auch. Als die Bachstelzen ihr Nest einmal eine Weile allein ließen, gelang es ihm, sich so unter das Ei zu schieben, daß das Ei auf seinem Rücken lag. Mit dem Ei auf dem Rücken kletterte er an den Nestrand und kippte es raus. Es fiel aufs Dach und zerbrach.
Dann ließ er sich erst einmal erschöpft ins Nest zurücksinken. Aber es dauerte nicht lange, da hatte er das andere Ei auf dem

Rücken und kippte auch das aus dem Nest!
Dann kam der kleine Vogel an die Reihe. Nach allerhand Hin und Her und ziemlicher Mühe gelang es dem winzigen Kuckuck, das noch kleinere Bachstelzchen auf den Rücken zu nehmen; er kletterte mit ihm an den Nestrand und warf es auch hinaus. Das Bachstelzchen piepte ganz leise, aber kein Vogel schien es zu bemerken.
Nun war der kleine Kuckuck glücklich. Er hatte das Nest ganz für sich allein. Er machte es sich bequem und wartete auf Futter.
Die Bachstelzen waren sehr überrascht, als sie nur einen Vogel in ihrem Nest vorfanden.
»Aber guck doch nur mal, wie groß er ist!« riefen sie. »Man kann ihn geradezu wachsen *sehen*! Das wird ein prächtiger Vogel. Schöner und größer als alle anderen Bachstelzen im Garten.«
Sie fütterten ihn gut. Sie waren sehr stolz auf ihn. Sie riefen die anderen Vögel herbei, damit sie sich ihn näher ansähen. »Habt ihr schon mal ein prächtigeres

Bachstelzenbaby gesehen?« sagten sie. Bald füllte das Baby das ganze Nest aus. Dann war er sogar zu groß fürs Nest. Er schrie fast den ganzen lieben langen Tag mit durchdringender Piepstimme, weil er immerzu Hunger hatte, und bald fütterten ihn auch noch andere Vögel. Sein Schnabel schien dauernd offenzustehen.

Dann mußten sich die Bachstelzen auf seine Schulter stellen, um ihn zu füttern, denn er war jetzt viel größer als sie. Oh, wie waren sie stolz auf ihn! Sie erzählten den anderen Vögeln von ihm und prahlten überall mit ihrem Wunderkind.

Sie nahmen ihn mit, um ihm zu zeigen, wie er sein Futter selber finden konnte. Eines Tages bekamen sie einen furchtbaren Schreck! Er öffnete den Schnabel und gab einen höchst sonderbaren Laut von sich.

»Er will singen!« sagten die Bachstelzen.

»Er will *›zilipp, zilipp‹* sagen, wie wir!«

Aber er wollte überhaupt nicht *»zilipp«* sagen wie die Bachstelzen. Er versuchte sein erstes lautes »Kuck-kuck!«, und das war eine böse Überraschung für die armen Bachstelzen!

»Ach, er ist ein Kuckuck, er ist ein Kukkuck!« riefen sie.
Die anderen Vögel lachten. »Aber so ein prachtvolles Kind!« sagten sie. »Solch ein fabelhaftes Kind!«
Denn wer den Schaden hat, braucht für den Spott nicht zu sorgen.

Wie gut!

»Ihr solltet heute morgen alle einen Spaziergang machen«, sagte die Mutter zu Annette, Andreas und Kai. »Es ist herrliches Frühlingswetter.«
»Oh, schön!« sagte Annette. »Dürfen wir zum Fluß hinuntergehen, Mutter? Vielleicht sehen wir ein paar Boote.«
»Ja«, sagte Mutter. »Aber paßt nur auf, daß ihr nicht ins Wasser fallt!«
»Die Sonne scheint so schön«, sagte Kai. »Müssen wir den Mantel anziehen, Mutter?«
»Selbstverständlich«, sagte Mutter. »Es ist noch kein Sommer. Und auch den Schal, bitte! Es weht ein kalter Nordwind, und ich möchte nicht, daß ihr mir hinterher alle mit einem Husten im Bett liegt.«
»Ach, Mutter! Auch noch einen Schal.

Dann schmoren wir ja!« maulte Andreas.
»Nun, dann müßt ihr eben schmoren«, sagte Mutter unerbittlich. »Mantel, Mütze und Schal, bitte, und keinen Unfug, ja?«
Die Kinder ärgerten sich über den Schal. Sie verabscheuten Schals und Handschuhe und Überschuhe und zogen sie am liebsten einfach nicht an, wenn es sich nur eben vermeiden ließ.
Sie gingen ins Kinderzimmer und holten ihre Mäntel und Mützen vom Haken. In dem Augenblick klingelte es an der Haustür, und Annette warf vorsichtig einen Blick in die Diele, um zu sehen, wer da zu Besuch kam.
»Frau Petersen«, sagte sie zu den anderen. »Die hält Mutter mit ihrem Gerede den ganzen Morgen auf. Am besten sagen wir gar nicht erst auf Wiedersehen, sonst läßt sie uns auch nicht wieder weg.«
»Also schleichen wir uns hinten raus«, sagte Andreas. »Kommt!«
»He –, da Mutter uns ja nicht sieht –, sollen wir vergessen, den Schal umzubinden?« fragte Kai, der Tunichtgut. »Es ist so heiß.«

»Es ist wirklich heiß«, sagte Andreas. »Aber Mutter hat gesagt, wir sollen einen Schal umbinden.«
»Sie merkt's ja nicht«, sagte Kai.
»Kai, du bist ganz abscheulich!« sagte Annette. »Du weißt, daß Mutter sich darauf verläßt, daß wir tun, was sie uns sagt. Das ist doch hinterlistig und – na ja, einfach abscheulich von dir! Wenn man dich reden hört, könnte man meinen, du hast Mutter überhaupt nicht gern.«
»Natürlich hab ich sie gern«, sagte Kai mürrisch.
»Dann zeig's mal lieber auch«, sagte Annette, während sie sich ihren langen Wollschal fest um den Hals wickelte. Auch Andreas band sich seinen Schal um, wenn auch mit ziemlich rotem Gesicht. Kai stand schmollend da. Die beiden anderen warteten nicht auf ihn. Sie liefen in den Garten und machten sich auf den Weg zu dem kleinen Tor, das auf den Feldweg führte. Eine Minute später kam Kai hinterhergelaufen. Andreas und Annette warfen einen Blick auf seinen Hals. Er hatte sich einen Schal darumgewickelt. Annette war froh

darüber. Es machte sie ärgerlich und ganz unglücklich, wenn Kai zu mogeln versuchte. Sie nahm ihn beim Arm.
»Prima, Kai!« sagte sie. Aber Kai schmollte immer noch und schüttelte Annettes Hand ab. Also ließ sie ihn allein gehen und lief mit Andreas voraus.
Bald waren sie am Fluß. Es hatte viel geregnet in den letzten Tagen, und der Fluß war stark angeschwollen und strömte ziemlich reißend dahin. Die Kinder warfen Stöcke ins Wasser und guckten zu, wie sie von den Strudeln weggerissen wurden.
Nach einer Weile trafen sie Georg und Beate und spielten mit ihnen. Georg hatte einen Ball mitgebracht, und die Kinder stellten sich im Kreis auf und warfen sich den Ball zu. Wer ihn nicht fing, mußte sich auf einem Knie hinknien. Wer ihn das zweite Mal verpaßte, mußte sich auf beiden Knien hinknien. Das machte Spaß.
Plötzlich flog der Ball schief, und Beate konnte ihn nicht fangen. Er rollte weg und rollte immer weiter – bis ans Flußufer. Beate rannte hinterher, weil sie Angst hatte, er könnte ins Wasser rollen.

Aber er blieb dicht vorm Wasser liegen. Beate bückte sich, um ihn aufzuheben, und blieb dabei mit dem Fuß an einer Wurzel hängen. Sie fiel hin – kullerte die Böschung hinunter – und platsch! da lag sie im Fluß.
Georg schrie auf. »Beate kann nicht schwimmen! Beate kann nicht schwimmen! Schnell, schnell! Kommt! Wir müssen sie retten!«
Voller Angst rannten die Kinder zum Fluß hinunter. Beate war ein Stück abgetrieben und hatte sich dann an einem alten Ast festgehalten, der in den Fluß gefallen und dort steckengeblieben war. Nur ihm verdankte sie es, daß sie nicht ganz abgetrieben wurde.
»Hilfe! Hilfe!« rief Beate. »Der Ast hält nicht mehr lange! Er knackt schon!«
»Wenn wir doch nur einen Strick hätten!« rief Andreas verzweifelt. »Wie können wir Beate retten? Es ist niemand in der Nähe. Ach, was sollen wir denn nun bloß machen?«
Der Ast, an dem Beate sich festhielt, knackte laut. Beate schrie. »Schnell!

Schnell! Die Strömung reißt mich weg. Der Ast bricht!«
»Annette! Andreas! Nehmt eure Schals ab und gebt sie mir!« rief da plötzlich Kai, während er sich seinen eigenen Schal schon vom Hals riß. »Schnell! Ich knote sie aneinander – dann kommen wir wohl damit an Beate heran.«
Die drei Kinder rissen ihre langen Wollschals herunter. Kai knotete sie schnell aneinander und zog die Knoten ganz fest. Dann hielten ihn die anderen Kinder an Hose und Jacke fest, damit er nicht vornüberkippen konnte, und er beugte sich weit vor und warf der armen Beate das Schalseil zu.
Krach! Der Ast brach mittendurch. Das kleine Mädchen wurde von der Strömung weggerissen – aber es gelang ihm gerade noch, das Schalseil zu erhaschen. Sie hielt es fest – und Kai hielt auch fest.
»Festhalten! Festhalten!« brüllte er. »Ich zieh dich raus. Aber halt dich gut fest. Die Schals sind stark.«
Während die anderen ihn festhielten, zog der kleine Junge mit all seiner Kraft an dem

Schalseil. Langsam kam Beate näher ans Ufer.
Endlich war sie an Land. Kai legte sich der Länge nach hin und streckte beide Hände nach ihr aus. Er zog sie zu sich aufs Gras, und da stand sie dann, triefend naß, vor Angst und Kälte zitternd – aber gerettet!

»Oh, ich danke dir, Kai!« schluchzte Beate. Und auch Georg weinte, denn er hatte schreckliche Angst ausgestanden. »Du bist wirklich klug. Wie bist du darauf gekommen, aus den Schals ein Seil zu knüpfen? Oh, Kai – denk doch nur mal, wenn ihr heute eure Schals nicht umgehabt hättet!«

»Fast hätten wir sie nicht umgehabt«, sagte Kai ziemlich betreten. »Ich habe mich ziemlich abscheulich aufgeführt des-

wegen – aber ich bin heilfroh, daß ich getan habe, was Mutter gesagt hatte!«
»Und wir auch!« riefen Andreas und Annette, und sie umarmten Kai und drückten ihn an sich. »Komm, Beate – schnell nach Hause mit dir, damit du dich umziehen kannst.«
Sie machten sich schleunigst auf den Heimweg. Und glaubt mir, sie haben nie vergessen, daß sie Beate das Leben gerettet haben, weil sie an dem Morgen auf ihre Mutter gehört hatten.

Zwinkels Pelzmantel

Es war einmal eine Elfe, die hätte zu gern einen Pelzmantel gehabt. Ihre Freundin, das Heinzelmädchen Kräusel, hatte einen, und die alte Nettchen Tipptapp gegenüber hatte auch einen.

»Ich möchte auch einen haben«, seufzte die Elfe Zwinkel. »Ein Pelzmantel sieht so vornehm aus und hält einen so schön warm. Kräusel, hat dein Pelzmantel sehr viel gekostet?«

»O ja, sehr viel«, sagte Kräusel. »Ich mußte ein ganzes Jahr dafür sparen.«

»Nettchen Tipptapp, war *dein* Pelzmantel teuer?« fragte Zwinkel, als Nettchen vorbeikam.

»Er gehörte früher meiner Mutter«, sagte Nettchen Tipptapp. »Ihr Bruder war Jäger, und er hat die Felle für einen Mantel mit

nach Hause gebracht. Ob sie teuer wären, wenn man sie kauft, das weiß ich nicht.«
Zwinkel zählte ihr Geld. Sie besaß zwei Zweipfennigstücke, ein Zehnpfennigstück und ein Fünfzigpfennigstück. Das war leider alles.
»Bestimmt nicht genug, um einen Pelzmantel zu kaufen«, dachte Zwinkel betrübt.
Sie steckte das Geld wieder in ihre Sparbüchse. »Ich denke jetzt einfach nicht mehr an einen Pelzmantel«, sagte sie. »Ich mache jetzt einen Besuch bei meiner Tante Martha und bringe ihr ein paar Blumen aus meinem Garten – das heißt, falls ich welche finden kann! Die armen Dingerchen welken nur so dahin, weil es schon so lange nicht mehr geregnet hat.«
Sie fand aber doch ein paar Blumen und band sie zu einem hübschen Strauß und machte sich auf den Weg zu Tante Martha. Unterwegs hörte sie auf einmal allerhand Quieken und Piepen, und sie schlich sich durchs Gras, um mal zu sehen, was denn da los war. Sie spähte hinter einer Butterblume hervor – und da sah sie auf einem

runden Fleck Gras zwölf pelzige Raupen vor sich, die Rat hielten.

»Du meine Zeit!« sagte Zwinkel überrascht. »Ich habe noch nie Raupen gesehen, die Rat hielten.« Worum mochte es denn da bloß gehen?

Sie wollte es herausfinden und ging deshalb näher heran. Die Raupen drehten sich zu ihr um, als sie ihre Stimme hörten.

»Was gibt's denn?« fragte Zwinkel.

»Ach, es ist schlimm!« sagte die größte Raupe. »Nämlich alle unsere Futterpflanzen gehen ein, weil der Regen fehlt, und wir haben nicht genug zu fressen!«

»Ach!« sagte Zwinkel überrascht. »Ja, aber was wollt ihr denn jetzt machen?«

»Wir wissen es nicht«, sagten die Raupen traurig. »Wir könnten ja vielleicht irgendwo anders hingehen, wo die Pflanzen vielleicht besser sind – aber wir wissen nicht, *wo*hin.«

»Was für Pflanzen sucht ihr denn?« fragte Zwinkel.

»Hm, wir fressen am liebsten Wegerich und Nesseln – und besonders gern Salat, wenn wir auch fast nie welchen finden«,

sagte die größte Raupe und wackelte mit ihrem schwarzen Kopf.
»Hört mal zu«, sagte Zwinkel. »Ich bin gerade zu meiner Tante Martha unterwegs. Ich will mal sehen, ob ich nicht ein paar gute Futterpflanzen für euch finde – vielleicht irgendwo im Straßengraben, wo es feucht ist. Falls ich welche finde, sage ich euch auf dem Rückweg Bescheid und zeige euch, wie ihr hinkommen könnt.«
»Ach, danke schön«, sagte die große Raupe. »Es wird nämlich jetzt fast Zeit, daß wir uns verpuppen und schlafen, aber vorher müssen wir uns noch tüchtig satt fressen.«
Zwinkel machte sich auf den Weg. Sie hielt immerzu Ausschau nach ein paar saftigen grünen Pflanzen für die hungrigen Raupen – aber ach! Alles sah welk und abgestorben aus. Seit drei Wochen hatte es ja schon nicht mehr geregnet.
»Ach, wie schrecklich!« dachte Zwinkel, als sie den Heimweg antrat. Ihre Tante war nicht zu Hause gewesen, also war sie nur schnell in die Küche gegangen und hatte ihre Blumen ins Wasser gestellt. »Ach, wie

schrecklich! Nichts zu fressen für die armen Raupen! Alle Pflanzen sind welk und tot, und die Nesseln sind grau statt grün! Alles, alles wartet auf Regen!«

Sie kam zu den Raupen zurück. Sie schaute sie traurig an und schüttelte den Kopf. »Es ist traurig«, sagte sie, »aber es ist überall dasselbe. Nichts zu fressen für euch.«

»Dann müssen wir sterben«, sagte die größte Raupe. »Und das ist wirklich schade, denn nach nur einer tüchtigen Mahlzeit wären wir alle so weit, daß wir uns in eine Puppe verwandeln, und dann könnten wir schlafen, bis schöne Bärenspinner aus uns werden!«

»Ach, verwandelt ihr euch in diese wunderhübschen rotschwarzen Bärenspinner?« rief Zwinkel ganz aufgeregt. »Die Feenkönigin reitet darauf, wenn sie bei Mondschein ausfliegt! Ich habe sie schon öfter gesehen – und einmal hat sie mich auf einem Bärenspinner reiten lassen, und das war herrlich! Der Schmetterling schlug mit seinen großen bunten Flügeln, und hoch und höher ging's in die Lüfte.«

»Nun, in diesem Jahr wird die Königin wohl leider nicht viele Bärenspinner zum Reiten haben«, sagte die große Raupe. »Wenn wir nur irgend etwas Grünes und Saftiges zu fressen finden könnten – aber es hat ja keinen Zweck, wenn du sagst, daß alles vertrocknet ist.«
»Hört zu!« sagte Zwinkel plötzlich. »Ich weiß, was ihr machen könnt. Ich habe ein Salatbeet, und ihr kommt jetzt mit und freßt euch an meinem Salat satt. Dann könnt ihr euch verpuppen, und die Königin hat ihre Bärenspinner zum Reiten.«
»Oh, wir danken dir, Zwinkel!« piepten alle Raupen. Dann ging Zwinkel voran, und sie folgten ihr in einer langen Reihe übers Feld. Auf und ab und auf und ab bogen sich ihre dunkelbraunen, pelzigen Leiber.
War das ein Schmaus für die Raupen in Zwinkels Salat! Zwinkel war ziemlich überrascht, als sie sah, wieviel sie fressen konnten. Auf und zu und auf und zu gingen ihre Mäuler, als sie die grünen Salatblätter mampften, und bald war nur noch sehr, sehr wenig von dem Salat übrig. Zwinkel war ziemlich traurig.

Am nächsten Tag sprach die große Raupe mit ihr. »Danke schön«, sagte sie. »Danke schön! Nun fressen wir nichts mehr. Es ist soweit, daß wir uns in Puppen verwandeln.«
»Darf ich zugucken?« fragte Zwinkel. »Es kommt mir immer wie ein ganz sonderbarer und mächtiger Zauber vor, wenn eine Raupe sich verpuppt und dann als Schmetterling aus der Puppe herauskommt! Wie verwandelt sich dein Raupen-

leib in einen Schmetterlingsleib mit wunderschönen großen Flügeln, Raupe?«
»Das wissen wir nicht«, sagte die pelzige Raupe. »Es ist ein eigenartiger Zauber, den wir selber nicht begreifen. Natürlich kannst du zugucken, kleine Elfe. Du warst sehr nett zu uns. So – seid ihr soweit, Raupen? Dann zieht zuerst einmal die Pelzhaut aus! Die braucht ihr nicht in der Puppe.«
Also warfen alle Raupen ihr Fell ab – und da lagen all die kleinen Pelze auf der Erde! Die Elfe schrie plötzlich entzückt auf und rief den Raupen zu:
»Braucht ihr eure Pelzhäute nicht mehr? Darf ich sie bitte haben?«
»Natürlich«, sagte die große Raupe. »Wenn du sie nicht mitnimmst, werden wohl die Mäuse oder die Käfer kommen und sie fressen. Aber wozu willst du sie denn haben?«
»Ah, das werdet ihr sehen, wenn ihr euch in Bärenspinner verwandelt habt und aus eurer Puppe kriecht«, sagte Zwinkel.
Sie sammelte alle Pelzhäute auf und rannte damit nach Hause. Sie wusch sie

gründlich. Sie hängte sie auf der Wäscheleine zum Trocknen auf. Sie nahm Nadel, Fingerhut und Faden und begann zu nähen.
Und wie sie nähte! Sie nähte all diese kleinen pelzigen Raupenfelle zusammen und machte einen wunderschönen Pelzmantel daraus! Den hättet ihr mal sehen sollen! Er paßte ihr genau und war so warm und kuschelig.
Als sie den Mantel fertig hatte, schüttelte sie ihn aus und ging nachsehen, was aus den Raupen geworden war.
Sie schliefen alle tief und fest, jede in ihrem strammen schwarzen Puppengehäuse!
Zwinkel tippte eine vorsichtig mit dem Finger an – und sie ringelte sich.
»Sie leben, aber sie schlafen«, sagte die Elfe. »Wie merkwürdig, daß sie sich im Schlaf in Schmetterlinge verwandeln! Ich warte, bis sie aufwachen – und dann zeige ich ihnen meinen Pelzmantel.«
Wochen später wachten die Raupen auf, eine jede in ihrem harten kleinen Puppengehäuse – aber jetzt waren sie keine Raupen mehr!

Wie durch einen Zauber hatten sie sich in herrliche Schmetterlinge verwandelt – in Bärenspinner mit leuchtendroten, cremefarbenen und schwarzen Flügeln – wunderschön anzusehen!

Zwinkel guckte zu, wie jeder Schmetterling sich ein Loch ins Gehäuse brach und herausschlüpfte. Ihre Flügel waren feucht und knitterig, aber schon nach ein, zwei Stunden hatten alle Schmetterlinge ihre hübschen Flügel getrocknet und flatterten damit durch die Luft.

»Ach, erinnert ihr euch noch an mich?« rief die Elfe und tanzte auf sie zu.

»Ihr habt mich schon gekannt, als ihr noch pelzige Raupen wart. Ihr habt mir eure Pelzhäute geschenkt, als ihr sie abgestreift habt! Guckt euch doch mal den wunderschönen Pelzmantel an, den ich mir daraus genäht habe!«

Die bunten Schmetterlinge guckten sie an und wedelten mit ihren Fühlern.

»Ja, wir erinnern uns an dich«, sagte der größte Schmetterling.

»Du bist die Elfe, die uns geholfen hat. Und wir sind froh, daß wir dir unsere Häute für deinen Pelzmantel geschenkt haben. Du hast sie verdient! Du kannst auch des Nachts mit uns fliegen, wann immer du willst. Du bist ein freundliches kleines Ding.«

Sie breiteten die Flügel aus und flogen zur Königin. Aber manchmal, wenn die Königin einen ihrer Schmetterlinge gerade nicht braucht, fliegt er rasch zu Zwinkel zurück und nimmt sie mit zu einem Flug durch den Mondscheinwald. Dann zieht sie ihren warmen Pelzmantel an und sieht ganz, ganz süß aus.

Von den Schuhen, die reden konnten

Es war einmal ein kleines Mädchen, das hieß Jette. Sie mußte jeden Tag zwei Kilometer zur Schule laufen und zwei Kilometer wieder zurück, und das ist ein langer Weg. Manchmal regnete es, dann zog sie ihren Regenmantel über. Manchmal war's kalt, dann zog sie ihren warmen Mantel an – und manchmal war es sehr heiß, dann trug sie überhaupt keinen Mantel, sondern einen Hut mit einer breiten Krempe, damit sie keinen Sonnenstich kriegte.
Eines Tages machte sie sich bei hellem Sonnenschein auf den Weg. Es war ein schöner, sonniger Herbsttag. Jette trug eine kurze Jacke und ihre geschnürten Halbschuhe. Sie lief und hüpfte daher und sang ein Lied, das sie in der Schule gelernt hatte.

Auf halbem Wege zur Schule zog eine große schwarze Wolke auf, und es fing an zu gießen. Und wie es goß! Das hättet ihr mal sehen müssen. Der Regen kam herunter wie in lauter silbernen Bindfäden, und überall auf der Straße bildeten sich im Nu große Pfützen.

Jette stellte sich unter einen Baum. Als der Regen aufhörte, lief sie wieder auf die Straße zurück – und stapste geradewegs mitten in eine riesige Pfütze hinein! Das Wasser ging ihr bis über die Knöchel – ihre Schuhe und ihre Söckchen wurden plitschnaß.

»Oh weh!« sagte Jette erschrocken. »Was habe ich denn jetzt bloß gemacht? Jetzt muß ich den ganzen Morgen mit nassen Schuhen und Socken in der Schule sitzen und werde mir einen schrecklichen Schnupfen holen.«

Sie ging traurig weiter und stellte sich schon vor, wie sie am nächsten Tag niesen und husten würde. Da kam sie an einem kleinen gelben Häuschen vorbei, in dem eine freundliche alte Frau ganz allein wohnte. Die alte Frau schüttelte gerade

den Vögeln im Garten die Krümel von ihrem Tischtuch hin.
»Bist du in diesen Wolkenbruch geraten, mein Kind?« rief sie Jette zu.
»Ja«, sagte Jette bekümmert. »Und gukken Sie sich doch nur mal meine Schuhe und Socken an. Ich bin in eine Pfütze getreten, und jetzt sind sie plitschnaß!«
»Oje, das ist aber sehr gefährlich«, sagte die alte Frau sofort. »Komm mal rein, dann will ich mal sehen, ob ich dir ein Paar von meinen Socken und trockene Schuhe leihen kann. Ich habe sehr kleine Füße, vielleicht finde ich etwas für dich.«
Also ging Jette in das winzige, blitzsaubere Häuschen, und die alte Frau suchte ihr ein Paar Schuhe heraus und ein Paar braune Strümpfe.
»Da!« sagte sie. »Damit ist dir geholfen. Ich kann dir auch noch ein Paar Strumpfhalter leihen, damit dir die Strümpfe nicht runterrutschen. Zieh das jetzt alles an, mein Kind, und ich trockne dann deine Sachen und habe sie fertig, wenn du um die Mittagszeit aus der Schule zurückkommst.«
Jette zog die Strümpfe an. Dann zog sie

die Schuhe an. Die Schuhe hatten große Zungen und lange Schnürsenkel, aber sie waren höchst bequem. Und sie fühlten sich hübsch trocken an.
»Danke schön«, sagte Jette. »Ich will versuchen, nicht auch mit diesen Schuhen in eine Pfütze zu treten.«
Sie hüpfte zur Schule davon. Die alte Frau stand am Gartentor und rief ihr noch nach: »Oh – Jettekind – noch einen Augenblick! Sei nicht unartig in der Schule, nein? Sonst tut's dir vielleicht leid!«
Wie komisch! dachte Jette. Warum soll ich denn wohl heute ganz besonders brav sein? Das weiß ich ja nun wirklich nicht.
Jette war nicht sehr artig in der Schule. Sie flüsterte und schwatzte. Sie verschmierte und bekleckste ihr Schreibheft, statt es schön sauberzuhalten. Sie zog das kleine Mädchen, das vor ihr saß, an den Zöpfen, und sie kniff den Jungen, der neben ihr saß, weil sie ihn nicht leiden konnte. Ihr seht also, sie war wirklich nicht besonders brav in der Schule.
Sie sah auch nicht ein, warum sie gerade an diesem Tag brav sein sollte. Also ver-

suchte sie's auch nicht. Sie zerrte so an ihrem Rechenheft, daß eine Seite mitten durchriß.
Da geschah etwas sehr Merkwürdiges. Eine Stimme ertönte in der Stille des Klassenzimmers – eine ziemlich tiefe, rauhe Stimme, die noch nie jemand gehört hatte.
»Gibt überhaupt nicht acht, dieses Mädchen, nicht?« sagte die Stimme. »Hast du gesehen, wie sie ihr Rechenheft kaputtgerissen hat?«
»Ja«, antwortete eine andere Stimme, nicht weniger tief und rauh. »Dafür müßte eigentlich ihre Note heruntergesetzt werden.«
»Wer spricht da?« fragte Fräulein Braun verwundert und schaute sich in der Klasse um.
Die Stimmen klangen kein bißchen wie Kinderstimmen. Die Schüler drehten sich erstaunt um. Jette wurde rot. Wie konnte es jemand wagen, so über sie zu reden? Ob es der kleine Junge war, der neben ihr saß? Sie kniff ihn heimlich. Wieder meldete sich eine laute Stimme:

»Hast du gesehen, daß Jette gerade den kleinen Jungen neben ihr gekniffen hat? Ist sie nicht garstig?«

»Ein höchst unfreundliches Kind«, sagte die zweite Stimme. »Ich kann sie gar nicht leiden.«

»Oh! Wer redet da so über mich!« rief Jette wütend.

»Es hört sich an, als kämen die Stimmen von unten«, sagte Fräulein Braun verwirrt und beunruhigt.

Alle guckten auf den Boden. Aber niemand hatte sich unter den Pulten und Bänken versteckt.

Könnt ihr euch denken, wer da redete? Vielleicht ja. Es waren die Zungen in den Schuhen! Die schwatzten jetzt munter darauflos, und das war höchst überraschend.

»Sie hat ein ziemlich böses Gesicht, findest du nicht auch?« sagte die eine Zunge.

»Schade, daß sie nicht mal in den Spiegel guckt. Dann würde sie merken, wie garstig sie aussieht, wenn sie die Augenbrauen so zusammenzieht.«

»Würdet ihr jetzt mal gefälligst aufhören zu

schwatzen – wer ihr auch seid!« rief Fräulein Braun und klopfte auf ihr Pult.
Die Schuhe hörten tatsächlich eine Weile auf zu reden. Sie hatten Angst vor Fräulein Braun. Die Kinder setzten sich zurecht und fingen an zu schreiben. Sie schrieben Sätze von der Tafel ab. Jette gab sich keine große Mühe. Als sie ihr Pult aufklappte, um ein Löschblatt herauszuholen, rutschte ihr Heft auf den Boden.
»Du liebe Zeit!« sagte die eine Zunge zur anderen. »Guck dir doch nur mal Jettes fürchterliche Schrift an. Hast du schon jemals so ein Gekrakel gesehen bei einem Mädchen, das schon zehn ist? Sie sollte sich wirklich schämen!«
»Armes Ding! Vielleicht ist sie ein dummes Kind und kann einfach nicht besser schreiben«, sagte die andere Zunge und schnalzte ein bißchen vor Bedauern.
»Guck dir mal den Klecks da an – und auf einer einzigen Seite dreimal geschmiert! Wenn ich die Lehrerin wäre, würde ich Jette in die Ecke stellen.«
»Oh! Oh!« rief Jette und stampfte mit dem Fuß auf und brach in Tränen aus. »Ich

lasse mir das nicht gefallen! Wer sagt all diese schrecklichen Sachen über mich?«

»Ich habe keine Ahnung, Jette«, sagte Fräulein Braun. »Ich kann nur sagen, daß alles ganz genau stimmt! Es ist wirklich ganz entsetzlich, daß ein zehnjähriges Mädchen so schlecht schreibt und so unordentlich ist.«

Jette hob schmollend ihr Schreibheft auf und legte es auf ihr Pult. Die Schuhe schwatzten schon wieder miteinander.
»Jetzt macht sie ihr häßliches Schmollgesicht. Ist sie nicht wirklich ein unangenehmes Kind? Ich bin mal gespannt, wie oft sie auf der nächsten Seite schmiert!«
Jette biß die Zähne zusammen und nahm sich fest vor, überhaupt nicht zu schmieren. Sie schrieb eine wirklich schöne Seite und zeigte sie Fräulein Braun.
»Du meine Güte, Jette! So gut hast du ja noch nie geschrieben!« rief Fräulein Braun.
»Siehst du, sie *kann* es, wenn sie's nur versucht«, sagte ein Schuh. »Sie ist einfach nur zu faul, es immer zu versuchen.«
»Ich bin nicht faul, ich bin nicht faul!« rief Jette und stampfte mit dem Fuß auf. Davon kriegten die Schuhe solch einen Schreck, daß sie eine volle Stunde lang nichts mehr sagten. Dann hatten die Kinder Erdkunde, ein Fach, das Jette gar nicht mochte. Sie beugte sich vor und zog das Mädchen, das vor ihr saß, an den Zöpfen. Das kleine Mädchen schrie.

»Jemand hat mich an den Haaren gezogen!« rief sie. Fräulein Braun schaute ärgerlich auf.
»Warst du das, Jette?« fragte sie.
»Nein, Fräulein Braun«, log Jette.
»Ooooooooooooo!« sagte der eine Schuh zum anderen. »Jetzt *lügt* sie auch noch! Ja, so was!«
»Sie lügt, sie ist feige und *nicht* nett«, sagte der andere Schuh. »Warum gibt ihr niemand einen tüchtigen Klaps und schickt sie zu Bett?«
Jette drehte sich um und guckte all die anderen an – irgend jemand mußte ihr doch da einen Streich spielen und so über sie reden. Aber alle waren nicht weniger verdattert als sie.
»Wer redet da?« rief Fräulein Braun, nun wieder ziemlich ärgerlich. »Das hört jetzt gefälligst auf. Ich stelle die Schwatzer in die Ecke, wenn ich jetzt noch einen Ton höre.«
»Stell dir das mal vor! Sie will uns in die Ecke schicken!« kicherte ein Schuh. »Nun, wenn sie uns in die Ecke stellen will, muß Jette mit.«

»Vielleicht sind wir jetzt besser mal still«, sagte der andere Schuh. »Ich glaube, wir stören den Unterricht ein bißchen. Pst!«
Sie sagten nichts mehr, bis die Schule aus war. Dann ging Jette mürrisch in den Garderobenraum und holte ihre Jacke. Ein anderes Kind lief ihr in den Weg, und sie schubste es, daß es der Länge nach hinschlug.
»Meine Zeit, ist die grob!« sagte der eine Schuh entsetzt. »Hast du gesehen, wie sie den netten kleinen Jungen einfach umgestoßen hat? Wenn sie das mit mir machte, würde ich ihr vors Schienbein treten.«
»Und ich würde sie über mich stolpern lassen!« sagte der andere Schuh zornig. »Abscheuliches Mädchen! Meinst du, es gibt überhaupt jemand auf der ganzen Welt, der sie leiden kann?«
»Ihre Mutter wird sie wohl leiden können«, meinte der erste Schuh. »Mütter sind komisch – sie lieben ihre Kinder immer, auch wenn sie häßlich und garstig zu ihnen sind. Bestimmt ist Jette garstig zu ihrer Mutter, meinst du nicht auch?«
Jette setzte sich auf eine Bank und fing an

zu weinen. »Ich bin nicht garstig zu meiner Mutter, nein, nein, nein!« weinte sie. »Ich habe meine Mutter lieb. Ich bin nett zu ihr. Ach, wer sagt all diese unfreundlichen Sachen über mich? Ich bin ja vielleicht manchmal abscheulich, aber ich kann auch nett sein, wenn ich's versuche.«
»Glaub ich nicht – *du*?« sagte der eine.
»Glaub' ich auch nicht«, sagte der andere. »Die kann überhaupt nicht nett sein. Sie ist eins von diesen verwöhnten Kindern, von denen wir hin und wieder hören.«
Die anderen Kinder lachten. Jette tat ihnen leid, aber sie sagten sich auch, daß es ihr bestimmt guttun würde, das alles mal zu hören. Sie machte sich bitterlich weinend auf den Weg, ratlos und unglücklich.
Die Schuhe redeten immer weiter. Sie schwatzten miteinander über Jettes schlechte Schrift und ihre falsch gelösten Rechenaufgaben und darüber, daß sie gekniffen und geschubst hatte. Jette schluchzte und weinte den ganzen Weg bis zu dem kleinen gelben Häuschen. Die alte Frau wartete schon auf sie am Gartentor.

»Oje, oje!« sagte sie, als sie Jette mit roten Augen und tränenverschmierten Wangen ankommen sah. »Was ist denn los? Haben diese Schuhe vielleicht eine zu lose Zunge gehabt?«

»Schuhe? Eine zu lose Zunge?« fragte Jette verwundert. »Wie meinen Sie das?«

»Hm, diese Schuhe, die ich dir heute morgen geliehen habe, können sehr lästig werden«, sagte die alte Frau. »Sie haben nämlich meiner Urgroßmutter gehört und sollen angeblich von Wichteln gemacht worden sein. Sie haben natürlich Zungen wie deine Schnürschuhe – aber diese Zungen können reden – und das tun sie dann auch! Können die reden! Sie sind die reinsten Quasselstrippen. Hoffentlich haben sie nichts Unfreundliches gesagt!«

»O nein, gnädige Frau, wir haben nur die Wahrheit gesagt!« riefen die beiden Schuhzungen gleichzeitig und wackelten ein bißchen hin und her. Jette guckte verdutzt zu ihnen hinunter. So schnell hatte sie noch nie ein Paar Schuhe ausgezogen!

»*Die* waren es also, die geredet haben!«

sagte sie. »Die Zungen in meinen Schuhen! Also – das habe ich wirklich nicht gewußt, daß Schuhzungen reden können!«
»O doch, mein Kind, früher konnten alle reden«, sagte die alte Frau. »Darum wurden sie ja Zungen genannt, weil sie sprachen. Aber sie redeten lauter dummes Zeug und waren eine richtige Plage, darum dürfen jetzt nur noch ganz wenige reden. Die Zungen in diesem alten Paar Schuhe kann ich allerdings nicht zum Schweigen bringen. Darum habe ich dir heute morgen noch zugerufen, du möchtest brav sein – weil ich wußte, die Schuhe würden darüber reden, falls du unartig sein solltest.«
»Ganz so unartig werde ich von jetzt an nicht mehr sein«, sagte Jette und lächelte ein bißchen. »Ich lasse mich nicht gern faul und dumm und garstig nennen. Leihen Sie mir die Schuhe noch einmal in einem Monat, und dann wollen wir doch mal sehen, ob sie nicht mal lauter nette Sachen über mich sagen können, ja?«
»Gewiß«, sagte die alte Frau, während sie Jette dabei half, die eigenen Schuhe wieder anzuziehen. »Werden die sich aber

ärgern, wenn es nichts Unartiges gibt, worüber sie reden können!«

Ich würde ja gern hören, was sie in einem Monat sagen – ihr nicht? Was würden denn *eure* Schuhzungen wohl sagen, falls sie reden könnten, hm? Erzählt mir's doch mal!

Runzeln für die Himmelsschlüsselchen

Mutter Runzel war eine wunderliche alte Frau. Sie wohnte in einer Eiche hinter einer kleinen Tür, die so genau in den Stamm eingepaßt war, daß niemand außer Frau Runzel sie öffnen konnte. Sie wurde im Laufe eines Tages oft von der alten Frau geöffnet, denn immerzu klopfte irgend jemand an und wollte etwas von ihr.
Die Feen kamen nämlich zu ihr, um sie zu bitten, ihnen die Runzeln wegzumachen. Feen und Elfen und Wichtel werden zwar nie älter – aber manchmal, wenn sie sich um irgend etwas Sorgen machen, ziehen sie die Stirn in Falten oder ziehen eine Schnute, und dann kriegt ihr Gesicht Fältchen und Runzeln. Macht mal ein finsteres Gesicht vor dem Spiegel, dann könnt ihr

sehen, was für häßliche Runzeln ihr kriegt!
Mutter Runzel konnte jede Runzel wieder wegmachen, und mochte sie auch noch so tief eingegraben sein. Sie nahm dann die Elfe mit in ihr rundes Baumzimmer, ließ sie Platz nehmen und sah sie sich erst einmal genau an.
»Ah!« sagte sie. »Du hast dich geärgert in dieser Woche. Da ist eine ziemlich böse Falte mitten auf der Stirn. Sitz bitte ganz still!«
Dann rieb sie die Stirn der Elfe mit einer eigentümlich duftenden Salbe ein, um die Runzel zu lösen. Und dann nahm sie ein winzigfeines Messer und schabte die Runzel behutsam ab. Sie puderte die Stirn der Elfe ein und schickte sie wieder nach Hause.
»Aber zieh nicht wieder die Stirn in Falten!« rief sie noch hinter ihr her. »Es ist schade, solch ein hübsches Gesicht zu verschandeln!«
Nun machte Mutter Runzel aber schon seit zweihundert Jahren Runzeln weg, und in ihrem Baumhaus stapelten sich die Run-

zeln. Sie warf sie nicht gern weg, denn sie war eine achtsame alte Frau. Sie packte sie in Schachteln und stapelte die Schachteln übereinander auf.
Aber schon bald erreichten die Schachtelstapel die Decke – ja, da mußten wohl Millionen Runzeln drin sein. Was sollte Mutter Runzel denn bloß damit machen?
Die Elfen bezahlten nichts dafür, daß sie ihnen die Runzeln wegmachte. Manchmal brachten sie ihr einen kleinen Topf mit Honig, manchmal einen neuen Schal aus Pusteblumenflausch – aber die alte Frau hatte kaum jemals Geld im Haus, und sie brauchte dringend welches.
»Ich brauche einen neuen Tisch«, sagte sie mit einem Blick auf ihren alten, abgenutzten. »Ich hätte gern einen Schaukelstuhl, in dem ich mich ausruhen und schaukeln kann, wenn ich müde bin. Und ach! Dann hätte ich so gern ein Paar weiche Pantoffeln für meine alten Füße!«
Sie sprach eines Tages mit dem sandbraunen Kaninchen darüber, als es zu ihr kam, um ihr guten Morgen zu sagen.
Das Kaninchen nickte und wackelte mit

den langen Ohren. »Ja«, sagte es, »du brauchst wirklich dringend ein paar neue Sachen, Mutter Runzel. Nun, warum verkaufst du nicht diese Schachteln voll Runzeln? Dafür könntest du doch Geld bekommen.«

»Die Runzeln verkaufen?« rief die alte Frau. »Ja, gerne – aber wer kauft die denn? Niemand! Wenn die Leute doch alle ihre Runzeln loswerden wollen, dann bezahlen sie doch nichts dafür, um welche zu kriegen. Das ist ein dummer Vorschlag, Kaninchen.«

Das Kaninchen hoppelte weiter und dachte angestrengt nach. Es hatte die alte Frau gern. Sie war immer lieb und freundlich. Es hätte ihr nur zu gern geholfen. Es sprach mit den Heinzelmännchen darüber. Es sprach mit den Fröschen. Es sprach mit dem Igel. Es sprach mit der Glockenblumen-Elfe, und zum Schluß traf es die kleine Himmelsschlüssel-Elfe und erzählte es auch ihr.

Die Himmelsschlüssel-Elfe hörte aufmerksam zu und dachte angestrengt nach. Seit fünfzig Jahren schon hatte sie großen

Kummer, weil nämlich den Himmelsschlüsselchen, ihren Schützlingen, in jedem Frühling vom Regen böse zugesetzt wurde.

Wenn es regnete, blieb die Nässe an ihren Blättern hängen, lief dann ins Herz der Pflanze und verdarb die hübschen gelben Blüten. Das war so ärgerlich! Es hatte ihr solchen Kummer gemacht, daß Mutter Runzel schon ungefähr zwanzig Runzeln von ihrer hübschen Stirn hatte wegschaben müssen.

Aber nun kam ihr eine Idee. Wenn sie nun die Runzeln nahm, die die alte Frau in ihren Schachteln aufbewahrte? Wenn sie die Runzeln in die Himmelsschlüsselblätter drückte? Wenn sie die Blätter *so* runzelig machte, daß die Runzeln alles Wasser wie kleine Bachbetten gleich ableiteten, bevor die Blätter sich damit vollsaugten und die Blüten verdorben wurden?

»Das wäre doch eine herrliche Idee!« dachte die Himmelsschlüssel-Elfe. »Ich versuch's mal!«

Also ging sie zu Mutter Runzel und kaufte eine Schachtel Runzeln. Damit lief sie zur

Himmelsschlüsselmulde und machte sich gleich an die Arbeit. Zu der Zeit waren die Himmelsschlüsselblätter so glatt und so dünn wie Buchenblätter – aber als die Elfe nun daranging und die Runzeln in die Blätter drückte, wie anders sahen sie da gleich aus!

Ein Blatt nach dem anderen wurde rauh und runzelig. Mitten in ihrer Arbeit fing es plötzlich an zu regnen, und zur großen Freude der Elfe wirkten die Runzeln genauso, wie sie es sich erhofft hatte – der Regen lief in sie hinein und rieselte in winzigen Bächen auf die Erde!

»Fein!« sagte die Elfe entzückt. »Nun hört mal zu, ihr Himmelsschlüsselchen! Ihr müßt eure Blätter in einer Rosette wachsen lassen und sie nach außen und abwärts richten. Regnet es, lassen die Runzeln allen Regen außen ablaufen, und eure Blüten bleiben trocken und heil.«

Nach und nach gab die Elfe allen Himmelsschlüsselchen Runzeln, und sie wuchsen und wurden groß, bis im Frühling der ganze Wald von ihren Blüten gelb leuchtete. Mutter Runzel freute sich sehr,

daß sie die alten Runzeln verkaufen konnte. Sie kaufte sich einen neuen Tisch, einen schönen Schaukelstuhl und zwei Paar Pantoffeln.
Und jetzt müßt ihr mal selber herausfinden, ob diese wunderliche kleine Geschichte wahr ist. Sucht ein Himmelsschlüsselchen und guckt euch die Blätter an. Ganz bestimmt werdet ihr die Runzeln darauf finden – zart und fein –, aber doch so, daß der Regen ablaufen kann, ohne die wunderhübschen blaßgelben Blüten zu ertränken.

Schnipps

Schnipps war Schneider. Er schneiderte rote und gelbe Mäntel, braune Jacken und Spinnweb-Umhänge für festliche Gelegenheiten. Im Herbst machte er ein blendendes Geschäft, denn dann fielen viele bunte Blätter von den Bäumen, die er zerschneiden und zu Elfenkleidern zusammennähen konnte. Um diese Zeit hatte er immer schrecklich viel zu tun.
In einem Jahr bestellte der König persönlich zwölf Mäntel, in verschiedenen Farben, und für jeden einen passenden Hut aus einer Eichelschale. Jetzt hatte Schnipps erst mal zu tun!
Er kriegte sie schließlich alle fertig, und eines Nachts machte er sich mit einem großen Sack, in dem die zwölf Mäntel steckten, auf den Weg. Er nahm Nadel und

Faden mit, zwei Fingerhüte und ein besonders großes Päckchen Stecknadeln und auch seine beste silberne Schere. Falls irgendwelche Änderungen notwendig sein sollten, konnte er sie dann sofort vornehmen und brauchte die Mäntel nicht erst wieder mit nach Hause zu nehmen.

Der König war entzückt von den Mänteln. Kein einziger mußte geändert werden; alle saßen wie angegossen.

»Du bist ein guter Schneider, Schnipps«, sagte der König zu dem stolzen kleinen Kobold. »Ich bezahle dir deine Arbeit jetzt sofort. Du bekommst ein Goldstück für jeden Mantel. Da – zwölf goldene Dukaten. Paß gut darauf auf!«

Schnipps steckte sie in seinen Lederbeutel, dankte dem König und begab sich auf den Heimweg. Er überlegte schon, was für herrliche Dinge er von dem Geld würde kaufen können. Aber es schlich ihm jemand nach – ein kleiner grüner Gnom, der ihn ausrauben wollte, bevor er zu Hause ankam!

Schnipps ahnte nichts davon. Er summte ein Liedchen und schritt munter aus, bis er

zu einem großen freundlichen Kastanienbaum kam, der mitten im Wald stand. Und gerade als er an ihm vorbeiging, flüsterten die Blätter ihm etwas zu.

»Schnipps, Schnipps, ein Räuber schleicht hinter dir her! Verstecke dich, Schnipps, verstecke dich!«

Schnipps bekam einen heillosen Schreck. Er sprang hoch in die Luft, bekam einen niedrigen Ast zu fassen und zog sich daran hinauf. Zitternd saß er da. Nach einer kleinen Weile sah er den grünen Gnom lautlos vorbeigehen – er ahnte nicht, daß Schnipps sich genau über ihm versteckt hatte!

»Laß mich die Nacht über hier im Versteck zwischen deinen Blättern bleiben«, bat Schnipps den Kastanienbaum. »Im Morgenlicht kann ich nach Hause gehen, ohne Angst haben zu müssen.«

So blieb er die ganze Nacht sicher und wohlbehalten in dem großen Kastanienbaum. Am nächsten Morgen fragte er ihn, womit er ihm seine Hilfe zurückzahlen könne.

»Du könntest nicht vielleicht die Pferde und

Esel davon abbringen, daß sie meine Kastanien fressen, wenn sie auf die Erde fallen, oder?« fragte der Baum. »Das ist wirklich zu ärgerlich.«
Schnipps pflückte ein glattes kugelrundes Gehäuse vom Baum, in dem zwei braune, blankpolierte Kastanien lagen.
»Natürlich kann ich dir da helfen!« rief er. »Ich stecke ganz viele von meinen Stecknadeln in die Gehäuse, Kopf nach unten, Spitze nach außen. Dann mag kein Tier sie mehr fressen.«
Und genau das hat er dann auch getan. Im nächsten Jahr wuchsen die Nadeln aus den Kastaniengehäusen, und seitdem sind sie rundherum ganz stachlig. Faßt mal eine Kastanienschale an, dann merkt ihr's!

Die kleine Schildkröte

Michael und Suse hatten eine Schildkröte. Sie nannten sie Buckel, weil sie einen dikken, harten, gebuckelten Panzer auf dem Rücken trug, und sie mochten sie sehr gern. Buckel spazierte im ganzen Garten umher und fraß Gras und auch Rosenblätter, falls sie welche finden konnte. Sie fraß aber auch ein Loch in Vaters Salatbeet und knabberte an seinen hübschen jungen Stiefmütterchen, und das erboste Vater nun doch sehr.

Als Vater die Schildkröte gekauft hatte, war ihm von dem Mann, der sie ihm verkauft hatte, versichert worden, daß sich das gute Tier im Garten sehr nützlich machen und alle Wegschnecken und Käfer und Raupen auffressen würde. Also hatte Vater sich gefreut und war überzeugt gewesen, mit

Buckel einen guten Freund nach Hause gebracht zu haben.
Aber Schildkröten fressen Grünzeug und keine Insekten – Insekten mögen sie überhaupt nicht. Also mußte Vater feststellen, daß Buckel durchaus nicht nützlich war im Garten.
Aber, wie Suse mit Recht sagte, konnte ja die arme Buckel nichts dafür, daß der Mann, der sie verkauft hatte, Vater belogen hatte.
»Wir sehen wohl am besten zu, daß wir diese Schildkröte loswerden«, sagte Vater, als er wieder einmal feststellte, daß sie seinen Salat angefressen hatte. »Sie ist vollkommen unnütz.«
»Aber, Papa, wir haben Buckel gern«, sagte Michael. »Wirklich. Sie streckt den Kopf unterm Panzer hervor, wenn wir vorbeikommen, und guckt uns so nett an mit ihren kleinen braunen Augen. Sie ist so freundlich.«
»Nun, dann wollen wir noch mal ein bißchen abwarten«, sagte Vater.
Also durfte Buckel auch weiterhin im Garten umherwandern, und Michael und Suse

paßten gut auf, daß sie keinen Schaden anrichtete. Sie holten ein Stück Maschendraht und zäunten ihr ein Stück Gras ein, das nur für sie allein dasein sollte. Sie gaben ihr auch eine Handvoll Rosenblätter, denn die schien sie lieber zu fressen als alles andere. Dort lebte die gute alte Buckel nun in der Sonne und war anscheinend sehr, sehr glücklich.

Eines Tages im Herbst jedoch brach sie aus und machte sich über Vaters Saatbeet her. Vater hatte da ein paar hübsche junge Ritterspornpflänzchen, die er im nächsten Frühjahr auspflanzen wollte. Sie waren sein ganzer Stolz – und, du liebe Zeit, Buckel war wirklich sehr töricht, denn sie nahm sich ausgerechnet die Rittersporne vor und knabberte sie ratzeputze weg. Als Michael und Suse aus der Schule nach Hause kamen, suchten sie sofort nach Buckel, und als sie sahen, was sie angerichtet hatte, waren sie fassungslos.

»Jetzt sagt Papa bestimmt, daß wir sie weggeben müssen«, sagte Michael. »Diese Rittersporne waren seine Lieblingsblumen. Oje! Buckelchen, du bist

wirklich ein ganz großes Dummerchen!«
Der nächste Tag war ein Sonnabend. Vater wollte den ganzen Tag im Garten arbeiten. Munter pfeifend ging er nach draußen und holte seinen Spaten. Es tat gut, draußen in der Sonne zu sein, wenn der Wind auch schon frostig kalt war.
Vater grub um, bis er müde war, und dann ging er ins Haus, um sich seine Pfeife zu holen. Er griff in die Tasche nach seinem Tabaksbeutel und stellte fest, daß sein

Schlüssel, den er in derselben Tasche bei sich trug, verschwunden war. Er mußte ihm wohl herausgefallen sein, als er im Garten arbeitete.

»Verflixt!« sagte Vater. »Das ist der Schlüssel vom Panzerschrank im Büro. Wenn ich den verliere, komme ich in Teufels Küche. Dann kann ich Montagmorgen den Safe nicht öffnen. Michael und Suse, ihr müßt mir bitte im Garten suchen helfen!«

»Machen wir, Papa«, sagte Michael. »Wo hast du ihn denn wahrscheinlich verloren?«

»Ich kann ihn fast überall verloren haben«, sagte Vater. »Ich war heute morgen fast im ganzen Garten. Der Schlüssel kann mir auf dem Weg aus der Tasche gefallen sein oder auf dem Rasen oder irgendwo auf den Beeten.«

»Warst du heute morgen auch an dem Beet, auf dem deine jungen Rittersporne stehen?« fragte Suse.

»Nein, warum?« fragte Vater.

»Hm, Papa, es tut uns ja ganz schrecklich leid, aber Buckel ist wohl gestern da gewe-

sen und hat all deine jungen Pflanzen gefressen«, sagte Suse.
»Was!« rief Vater zornig. »Sie hat meine wunderschönen Rittersporne gefressen – die ich selber aus dem Samen gezogen und den ganzen Sommer über gehegt und behütet habe? Das ist aber wirklich allerhand! Ich habe gesagt, diese Schildkröte muß weg, und jetzt muß sie wirklich weg. Sonst macht sie uns noch alles kaputt!«
Vater sprang auf und ging mit langen Schritten nach draußen und geradewegs zu seinen jungen Pflanzen. Als er seine bis auf die Wurzeln heruntergeknabberten Rittersporne sah, brüllte er vor Zorn:
»Wo ist diese Schildkröte? Ich schenke sie heute noch dem Milchmann oder dem Metzger oder wer sie eben haben will!«
Die Kinder waren den Tränen nahe. Sie wußten, daß sie Buckel nun ganz gewiß weggeben mußten.
»Geht und holt diese Schildkröte und bringt sie her«, sagte Vater.
Michael und Suse machten sich widerstrebend auf den Weg, aber als sie an Buckels Auslauf kamen, war sie nicht da! Sie war

unter dem Maschendraht durchgekrochen und davongekrabbelt. Sie rannten zu Vater zurück. »Sie ist weg«, sagten sie.
»Weg?« fragte Vater. »Hm, sie frißt mir bestimmt gerade noch etwas anderes weg! Sucht sie! Schnell! Und gleichzeitig könntet ihr auch nach dem Schlüssel gucken!«
Die Kinder suchten überall nach Buckel. Sie suchten unter den Sträuchern; sie suchten unter der Hecke hinten im Garten; sie suchten sogar im Haus. Aber sie konnten die Schildkröte nirgendwo entdecken.
»Habt ihr sie gefunden?« fragte Vater.
»Nein«, sagte Suse. »Sie muß wohl weggelaufen sein, Papa. Wir haben wirklich überall gesucht.«
»Ich nehme an, sie hat sich gesagt, sie macht sich mal lieber aus dem Staub!« sagte Vater. »Alle meine Pflanzen abzuknabbern! Hm, dann helft mir jetzt, meinen verflixten Schlüssel zu suchen. Ich *muß* ihn einfach wiederfinden!«
Sie suchten nach dem Schlüssel und suchten und suchten und suchten, doch sie konnten ihn nicht finden. Wie die Schildkröte war auch er spurlos ver-

schwunden. Vater war völlig außer sich. »Wir müssen morgen noch einmal suchen«, sagte er, als es Abend wurde und es keinen Zweck hatte, noch länger zu suchen. »Montag muß ich ihn wirklich haben, oder es gibt großen Ärger im Büro.«
Die Kinder gingen traurig zu Bett. Sie wollten nicht, daß Vater Ärger bekam, und sie waren unglücklich, weil Buckel auch noch verschwunden war. An diesem Tag war auch wirklich alles schiefgegangen.
Am nächsten Morgen gingen Michael und Suse in den Küchengarten, um nachzuschauen, ob noch genügend Salat fürs Mittagessen da war. Sie kamen an dem Beet vorbei, das Vater am Tag zuvor umgegraben hatte. Die Erde sah frisch aus und war sehr sauber umgegraben; Vater war nämlich ein guter Gärtner.
Als Michael noch auf dieses frisch umgegrabene Beet guckte, sah er auf einmal etwas Merkwürdiges. Er blieb stehen und guckte noch einmal genauer hin.
»Suse«, sagte er, »meinst du nicht auch, daß sich die Erde da drüben bewegt? Guck doch mal!«

Er zeigte auf die Stelle, und Suse guckte hin. Überrascht riß sie die Augen auf. Die Erde bewegte sich tatsächlich. Es sah so aus, als wäre in dieser einen Ecke dort ein winziges Erdbeben.
»Komisch!« sagte Suse. »Was mag das denn sein?«
»Wir gucken es uns mal an«, sagte Michael. Also rannten sie hin. Die Erde hob und senkte sich, und ab und zu flogen kleine Klumpen in die Luft.
»Ein Tier, das sich einbuddelt«, sagte Suse. »Was kann es denn nur sein?«
Michael holte einen Spaten und grub vorsichtig rund um die schwankende Erde. Und dann sah er, was sich da einbuddelte. Ratet mal, was es war!
»Buckel, unsere Schildkröte!« rief Suse überrascht. »Sie gräbt sich ein. Oh, wie komisch! Ich wußte gar nicht, daß Schildkröten sich eingraben – du, Michael? Sollen wir sie nicht besser herausholen, oder was meinst du?«
In dem Augenblick schaute ihre Nachbarin, Frau Weiß, über die Mauer, und sie erzählten ihr, was sie entdeckt hatten.

Frau Weiß kannte sich mit Schildkröten recht gut aus.
»Das stimmt schon«, sagte sie. »Sie graben sich immer in die Erde ein, bevor der Winter kommt, weil sie nämlich die Kälte nicht gut vertragen. Sie schlafen gern den ganzen Winter durch und wachen erst im Frühjahr wieder auf. An eurer Stelle würde ich sie vorsichtig aus dem Loch herausholen, das sie sich selber gegraben hat, und sie dann in eine Kiste mit Erde setzen. Wenn ihr sie da in der Erde laßt, kommt euer Vater vielleicht mit seinem Spaten daher und schlägt ihr versehentlich den Rückenpanzer entzwei, wenn er das Beet umgräbt. Sie wird in ihrer Kiste bis zum Frühjahr schlafen und dann wieder aufwachen. Stellt sie mit der Kiste in einen Schuppen, dann kann ihr nichts passieren.«
»Vater wird sie wohl leider weggeben«, sagte Suse traurig. »Aber wir graben sie wohl trotzdem besser aus.«
Also holten die beiden Kinder Buckel ganz vorsichtig aus ihrem Loch heraus – und als sie die Erde von ihrem Rückenpanzer

wischten, fiel etwas Blankes herunter. Michael hob es auf und starrte überrascht darauf.
»Papas Schlüssel!« rief er. »Guck, Suse – der Tresorschlüssel, den er verloren hat! Na, wird Papa sich aber freuen!«
»Buckel hat ihn gefunden!« sagte Suse. »Buckel hat ihn gefunden! Wenn sie nicht gewesen wäre, hätten wir ihn niemals gefunden. Er hätte für immer in der Erde gelegen. Komm, wir erzählen es gleich Papa!«
Sie ließen die Schildkröte sitzen, wo sie saß, und rannten ins Haus zu Vater.
»Papa! Papa!« riefen sie. »Hier ist dein Schlüssel! Guck! Er war in dem Beet, das du gestern umgegraben hast. Er muß dir beim Umgraben aus der Tasche gefallen sein.«
Vater freute sich sehr. »Prima!« sagte er. »Vielen Dank, Kinder. Ich bin so froh, daß ich meinen Schlüssel wiederhabe. Ich weiß, wie fleißig ihr danach gesucht habt. Ich würde euch gern eine Kleinigkeit zur Belohnung schenken. Was möchtet ihr denn?«

Suse und Michael schauten einander an. Beide dachten das gleiche – Buckel!

»Papa«, sagte Michael, »*wir* haben den Schlüssel eigentlich nicht gefunden, sondern – Buckel!«

»Buckel! Aber ich habe gedacht, sie sei verschwunden«, sagte Vater. »Ihr habt doch gesagt, ihr könntet sie nicht finden.«

»Sie *war* auch verschwunden«, sagte Suse. »Sie ist hingegangen und hat sich für den kalten Winter eingebuddelt, und das Loch, das sie sich gegraben hat, war genau an der Stelle, an der dir der Schlüssel hingefallen ist, Papa. Als wir also die Erde von der Schildkröte gewischt haben, ist der Schlüssel auf den Boden gefallen.«

»Na, so was!« sagte Papa.

»Da also Buckel deinen Schlüssel gefunden hat«, sagte Michael, »meinst du nicht, du könntest uns erlauben, daß wir sie behalten, Papa? Frau Weiß sagt, sie schläft den ganzen Winter über in einer Kiste, also wird sie jetzt bestimmt keinen Schaden mehr anrichten – und wir versprechen dir, daß wir ihr im kommenden Jahr einen so starken Maschendrahtzaun um ihr Stück

Rasen machen, daß sie auf gar keinen Fall raus kann – dann kann sie deine Blumen und Pflanzen nicht fressen.«

»Na, ihr scheint ja fest entschlossen zu sein, Buckel zu behalten«, sagte Vater. »Und da sie ja tatsächlich meinen Schlüssel gefunden hat, belohne ich sie – und euch auch. Ihr dürft sie behalten.«

»Oh, danke, danke schön!« riefen die beiden Kinder und umarmten ihren Vater und drückten ihn ganz toll.

Dann rannten sie los, um eine hübsche Kiste für Buckel zu finden. Sie schaufelten etwas Erde in die Kiste und setzten Buckel hinein und trugen sie mit der Kiste in den Schuppen. Im Schuppen stellten sie sie auf ein Wandbrett, und dort schläft sie nun fest und gemütlich und wohlbehütet.

War es nicht ein Glück für sie und für die Kinder, daß sie Vaters Schlüssel gefunden hat?

Bruder Karnickel kauft Stiefel

An einem schönen Herbsttag ging Bruder Karnickel über den Markt und kam an den Stand mit getragener Kleidung. Er stöberte gründlich herum, weil er dringend eine alte Jacke für die Arbeit im Garten brauchte. Er fand keine Jacke, die ihm paßte – aber etwas anderes fesselte auf einmal seinen Blick – ein *riesiges* Paar Stiefel. Bruder Karnickel schaute sie mit großen runden Augen an.
»Wer hat denn die getragen?« fragte er Bruder Opossum, dem der Stand gehörte.
»Och, die haben Herrn Löwe gehört«, antwortete Bruder Opossum. »Aber er sagt, die Füße hätten ihm darin weh getan, und da hat er sie verkauft. Die brauchst du gar nicht erst anzuprobieren, Bruder Karnickel

– sie sind für dich mindestens zehn Nummern zu groß!«
»Ja – das weiß ich«, sagte Bruder Karnikkel. »Trotzdem nehme ich sie. Da ist das Geld. Binde sie mir zusammen, dann trage ich sie um den Hals nach Hause.«
Und so machte er sich mit den riesigen Stiefeln auf den Weg. Unterwegs lachte er verschmitzt vor sich hin. Sie mochten ihm ja vielleicht nicht passen – aber er würde sie trotzdem höchst nützlich finden!
Zu dieser Zeit nämlich war Bruder Wolf wieder einmal ganz besonders lästig. Er war ein überaus gefäßiger Kerl und schnüffelte immerzu hinter Bruder Karnikkel und Bruder Waschbär und Bruder Sumpfschildkröt her. Sie waren es allmählich wirklich leid.
Bruder Sumpfschildkröt riet Bruder Karnickel, des Nachts doch ja vorsichtig zu sein und Tür und Fenster fest zu verriegeln. Bruder Karnickel nickte. »Mache ich«, sagte er. »Aber ich werde Bruder Wolf solch einen Schreck einjagen, daß er bald anfangen wird, seine Türen und Fenster zu verriegeln!«

»Da muß es schon schlimm kommen, ehe er das macht«, sagte Bruder Sumpfschildkröt. »Ah, Bruder Wolf ist ein listiger Kerl, o ja, und ein mächtig starker dazu.«
Eines Tages nun fing es an zu regnen, und wie meistens im November, regnete es den ganzen nächsten Tag und am Tag darauf auch noch. Überall war Schlamm, und wenn die Tiere ihre Höhlen und Unterschlüpfe verließen, rutschten sie aus und schlitterten daher.
Bruder Karnickel hatte genug zu fressen in seinem Schrank und ging daher überhaupt nicht nach draußen. Er wußte genau, daß Bruder Wolf sich in dem Gebüsch hinter der Ecke versteckt hielt. Der kleine Hans Spatz war auf seinem Fensterbrett zwischengelandet und hatte es ihm gesagt!
»Heute nacht kommt er zu deinem Haus, Bruder Karnickel«, zwitscherte Hans Spatz. »Ich saß in dem Gebüsch, und untendrin hatte er sich versteckt, und ich habe gehört, wie er's Bruder Bär erzählt hat, der vorbeigestapft kam. Du mußt dich also in acht nehmen, Bruder Karnickel! Du mußt dich sehr, *sehr* in acht nehmen!«

An diesem Abend, kurz vor Einbruch der Nacht, zog Bruder Karnickel die großen breiten Stiefel an, die er auf dem Markt gekauft hatte. Junge, die waren aber riesig an seinen kleinen Pfoten und Beinen! Er mußte sie mit einer Schnur festbinden, damit er sie nicht gleich verlor.
Er schaute zum Fenster hinaus. Bruder Wolf würde nicht kommen, bevor es stockfinster war – jetzt konnte er sich noch unbesorgt nach draußen trauen. Also ging er nach draußen in seinen Riesenstiefeln und stapfte durch den Schlamm. Aber wie eigenartig – er ging *rückwärts*. Das war sehr umständlich, aber es machte Bruder Karnickel gar nichts aus. Nein – er ging rückwärts zu seinem Gartentor, rückwärts hindurch und rückwärts durch den dicken Schlamm die Straße entlang. Er ging rückwärts ein Stück in den Wald hinein, und da blieb er stehen und lachte verschmitzt.
»Jetzt *vorwärts*, Bruder Karnickel!« sagte er und machte sich auf den Rückweg, wobei er darauf achtete, daß er immer genau in die Fußtapfen trat, die er auf dem Hinweg hinterlassen hatte.

Er ging ins Haus und zog die Stiefel aus. Er verriegelte die Türen und Fenster und setzte sich dann hin und horchte mit beiden Ohren.
Schon bald hörte er jemanden den aufgeweichten Weg entlangkommen und immerzu knurren. Es hörte sich nach dem alten Bruder Wolf an. Bruder Karnickel saß in seinem Sessel und wartete.
Das war ganz gewiß Bruder Wolf, der jetzt durchs Gartentor kam! Bruder Karnickel hörte es quietschen. Und jetzt kam er auf die Haustür zu. Er hatte wohl eine Laterne dabei – Bruder Karnickel konnte das Licht durch die Ritzen im Fensterladen sehen.
»Bumm-bumm!« Da klopfte es *sehr* laut an die Tür. Bruder Karnickel lachte vor sich hin und rief dann sofort: »Wer ist's, der mich und meinen Freund zu dieser späten Stunde stört? Geh weg!«
»Bruder Wolf ist da!« rief Bruder Wolf und bumste noch einmal laut gegen die Tür. »Laß mich rein. Ich muß etwas mit dir besprechen.«
»Nun, ich muß etwas mit meinem Freund besprechen«, sagte Bruder Karnickel. »Ich

bin beschäftigt. Ich möchte jetzt nicht mit dir reden.«

Bruder Wolf hatte die riesigen Fußstapfen schon auf dem Weg gesehen, und er hatte auch gesehen, daß sie durch Bruder Karnickels Gartentor und weiter zu seiner Haustür führten. Er konnte sich überhaupt nicht erklären, wessen Fußstapfen es sein sollten. Doch bestimmt nicht die von Bruder Karnickels Besucher! Der müßte ja ein Riesenkerl sein!

»Wer ist denn dieser Freund?« fragte er. »Der muß wohl ziemlich groß sein.«

»Ach, es ist der alte Herr Wolffresser!« rief Bruder Karnickel zurück. »Hörst du nicht, wie er mit den Zähnen knirscht, weil er deine Stimme hört?«

Und Bruder Karnickel klapperte mit einem Blechlöffel in einem leeren Kochtopf! Bruder Wolf war sehr verblüfft. Er guckte sich die großen Fußstapfen an und runzelte die Stirn.

»Ich habe in meinem Leben noch nichts von einem alten Herrn Wolffresser gehört«, sagte er.

»Na, dann komm herein, dann kannst du

ihn kennenlernen«, sagte Bruder Karnikkel. »Ich mache die Tür auf. Aber nimm dich in acht, Bruder Wolf – er hat großen Hunger heute nacht!«
Bruder Wolf hörte Bruder Karnickels Schritte zur Tür kommen. »Warte!« sagte er. »Ich möchte dich heute nacht doch lieber nicht stören.«
»Ach, das macht nichts – komm nur herein!« sagte Bruder Karnickel und tat so, als schlösse er die Haustür auf, wobei er einen

Riesenlärm machte. »Du mußt eben nur aufpassen, daß der alte Herr Wolffresser sich nicht auf dich stürzt!«
Bruder Wolf guckte sich nur noch einmal rasch die riesigen Fußstapfen an, die zur Haustür führten, und beschloß dann, nach Hause zu gehen! Er ließ sich nicht einmal Zeit, um auf Wiedersehen zu sagen!
Bruder Karnickel hörte ihn zum Tor davonhuschen und grinste. »He, Herr Wolffresser, alter Freund!« sagte er, als er nun in seine gemütliche warme Küche zurückging. »Bruder Wolf wollte nicht mal schnell reinkommen und guten Abend sagen!«
Aber da war natürlich niemand in der Küche – überhaupt niemand!
»Ist doch wirklich ein unhöflicher Bursche, dieser Bruder Wolf!« meinte Bruder Karnickel und machte es sich am Feuer bequem.
»Und *du*, Bruder Karnickel, bist ein ganz gerissener alter Gauner!« fügte er dann hinzu und mußte laut lachen.

Herrn Quinks Garten

Eines Tages vor noch gar nicht langer Zeit machte Herr Braun mit seiner Familie einen Ausflug aufs Land: also Herr Braun, Frau Braun, ihre Tochter Annie Braun und Thomas Braun, ihr Sohn.
»Wir fahren alle zusammen«, sagte Herr Braun. »Auf dem Land ist es jetzt wunderschön. Bestimmt macht es großen Spaß. Nimm genug zu essen für den ganzen Tag mit, Mutter.«
Also schmierte Frau Braun Wurst- und Käsebrote und packte sie in eine Dose. Sie nahm zwei Flaschen Zitronensprudel und legte vier Apfelsinen und vier Bananen zu den Flaschen in den Korb, und dazu packte sie eine große Dose Obstsalat und vier Pappteller und vier kleine Löffel, und dann packte sie auch noch vier Riegel

Schokolade und eine Tüte Pfefferminzbonbons ein.
Ihr seht also, Brauns wollten tüchtig schmausen. Es war herrliches Wetter, als sie den Omnibus zur Reise aufs Land bestiegen. Die Sonne schien hell vom Himmel. Der Himmel war so blau wie die Grasglockenblumen, die überall im Wald zwischen den Bäumen hervorlugten. Die Vögel sangen munter in den Hecken, und an Böschungen und in Straßengräben blühte es in allen Farben.
Frau Braun war glücklich. Sie saß im Omnibus und guckte und guckte. Herr Braun holte seine Zigaretten hervor und zündete sich eine an. Da war er auch glücklich. Die Kinder hielten nach einem Eisverkäufer Ausschau, denn sie hatten Geld in der Tasche, das sie ausgeben durften, und sie hatten Appetit auf Eiscreme. Sie waren ebenfalls glücklich.
Schließlich stiegen sie aus dem Omnibus aus und spazierten zu Fuß in den Wald. Die Sonne schien nun so heiß, daß sie froh über den Schatten waren. Thomas und Annie hüpften voraus und riefen immer

wieder ihrer Mutter zu, sie solle sich doch nur mal all die Glockenblumen anschauen. Herr und Frau Braun trugen die Tüten und den Korb.
»Guckt mal, ob ihr einen schönen Platz findet, wo wir uns hinsetzen können, Annie und Thomas!« rief Frau Braun.
Nach einer Weile fanden sie einen. Es war der hübscheste Platz im ganzen Wald, und obwohl sie das nicht wissen konnten, war es eigentlich Herrn Quinks Garten. Herr Quink war ein alter Heinzelmann, der in der alten Eiche wohnte, unter deren Ästen Brauns sich niederließen. Die Eiche hatte eine genau passende Tür im Stamm und ein kleines Fenster mit einem winzigen Vorhang aus Moos davor. Niemand wußte, daß er dort wohnte – abgesehen natürlich von den anderen Heinzel- und Wichtelmännchen –, weil er sich nämlich gewöhnlichen Leuten nie zeigte.
Herr Quink nun war sehr stolz auf seinen Garten, und er arbeitete jede Nacht darin. Ein winziger Bach lief mitten hindurch, und auf beiden Seiten hatte er fein säuberlich gepflanzt und gesät. An verschiedenen

Stellen in seinem Garten hatte er auch Moospolster angelegt, damit seine Freunde Platz nehmen konnten, wenn sie zu Besuch kamen. Er hatte drei Beete mit Grasglockenblumen, den schönsten im ganzen Wald – und eine ganz besondere, ganz geheimnisvolle Pflanze: eine Grasglockenblume, die immer nur *weiße* Blüten bekam, was, wie ihr sicherlich wißt, Glück bringt.
In einem Winkel hatte Herr Quink sich eine Laube aus Jelängerjelieberblättern gebaut, und in der Nähe wuchs ein Büschel Veilchen, so daß man, wenn man in dem Schlupfwinkel saß, den süßen Duft der verborgen blühenden Veilchen riechen konnte. Alles in dem Garten war sauber und ordentlich und schön.
Kein Wunder, daß Brauns ganz entzückt waren! Herr und Frau Braun setzten sich unter den Baum und stellten Tüten und Korb neben sich ab. Sie wußten nicht, daß sie im Garten des Heinzelmanns saßen, denn Herr Quink hatte ja weder Zaun noch Mauer noch Hecke rundherum. Die Kinder wollten sofort etwas zu essen haben.

»Gut, dann essen wir jetzt zu Mittag«, sagte Frau Braun und machte sich daran, die Sachen auszupacken. Bald langten alle munter zu.
Sie tranken auch den Zitronensprudel. Er schmeckte sehr lecker.
»Kommt, wir stellen die Flaschen da drüben auf und werfen mit Steinen danach«, schlug Herr Braun vor.
»Aber sind die Splitter nicht gefährlich, wenn sie da herumliegen?« meinte Frau Braun.
»Ach! Wer kommt denn hier schon vorbei?« sagte Herr Braun.
Also stellten sie die Flaschen auf und warfen mit Steinen danach, und bald waren die Flaschen restlos zerschmettert, und die ganze kleine Mulde war mit Glassplittern besät.
Herr Braun schlug seine Zeitung auf. »Nun möchte ich eine Zigarette rauchen und mich ausruhen«, sagte er. »Stört mich bitte nicht, Kinder.«
Herrn Quinks wunderschöner Garten sah allmählich ganz abscheulich aus. Der Heinzelmann spähte aus dem winzigen

Fenster in der Eiche und beobachtete alles mit kummervoller Miene.
Er sah Frau Braun für die Kinder Apfelsinen schälen und die Schalen ins Gras werfen. Er sah die Kinder Bananen essen und sich die Schalen gegenseitig an den Kopf werfen – denn es waren nicht gerade wohlerzogene Kinder. Er sah, wie Herr Braun seine leere Zigarettenschachtel in die Geißblattlaube warf.
Brauns blieben den ganzen Nachmittag über dort. Es war so still und friedlich, und die Vögel sangen so lieblich. Gegen fünf Uhr nahmen sie noch einen Imbiß, und dann wurde es bald Zeit, daß sie sich auf den Heimweg machten.
Frau Braun schaute sich um, und nun tat ihr die Unordnung doch leid.
»Gibt's hier vielleicht irgendwo Abfallkörbe oder Mülleimer?« fragte sie. »Dann sollten wir all den Kram hier doch wohl einsammeln.«
»Gibt's bestimmt nicht, Mutter«, sagte Thomas. »Das ist doch hier eine ganz abgelegene Waldgegend. Ich glaube nicht, daß außer uns jemand herkommt. Aller-

dings sagt unser Lehrer auch immer, wir sollen die Natur nicht verschandeln – ob wir vielleicht unsere Abfälle mit nach Hause nehmen sollen?«

»Ich schleppe das ganze Zeug nicht zurück«, sagte Herr Braun sofort. Er war ein Mann, der immer zuerst an sich dachte und nur selten an andere. »Laßt ruhig alles liegen. Merkt doch keiner.«

»Mutter, komm, wir nehmen diese Grasglockenblumen mit nach Hause!« rief Annie. »Und diese Primeln und Veilchen, und ein bißchen Moos können wir auch mit den Wurzeln ausgraben. Das wächst bestimmt alles wunderschön in unserem Garten.«

Also gruben sie Herrn Quinks schönste Primeln und Veilchen und sein schönstes Moos aus und pflückten all seine Grasglockenblumen – und dabei fanden sie auf einmal die weiße Glücksglockenblume! Also gruben sie die Wurzeln aus und legten sie ebenfalls in den Korb. Dann brachen sie auf.

Herr Quink öffnete seine Haustür und schlüpfte hinaus. Als er seinen schönen Garten mit Glassplittern, Apfelsinenscha-

len, Bananenschalen, Pappschachteln, leeren Tüten und Paketen, Schokoladenpapier und Zeitungsblättern bestreut sah – als er sah, daß seine hübschen Blumen weg und sein Moos verwüstet war, da setzte er sich auf einen Stein und weinte bittere Tränen.
Aber als er dann feststellte, daß auch seine weiße Grasglockenblume verschwunden war, wurde er zornig! Er rief alle Heinzelmännchen, die in dem Wald lebten, zusammen, und sie kamen, um sich den verwüsteten Garten anzusehen.
Die meisten von ihnen hatten auch ihre Klagen.
»Ein paar Leute haben neulich alle ihre häßlichen braunen Tüten auf meiner Wiese liegenlassen«, sagte Nopp, ein alter Heinzelmann.
»Und irgendwelche Jungen haben Flaschenscherben in meinen Bach geworfen, und ich habe mir den Fuß daran geschnitten, als ich darin herumgewatet bin«, sagte Dutt, ein kleines Heinzelmännchen mit blanken Augen.
»Aber diese Brauns sind wirklich die Aller-

schlimmsten!« sagte Herr Quink wütend. »Guckt euch nur dieses Durcheinander einmal an! Was soll ich denn jetzt bloß machen?«

»Brauns haben einen gepflegten kleinen Garten«, sagte Hutzel, ein scharfäugiger kleiner Heinzelmann, der viel herumreiste. »Da all dieses Zeug ihnen gehört, könnten wir es doch hinbringen und ihnen in den Garten werfen.«

»Fabelhafte Idee!« riefen alle Heinzelmännchen sofort. »Müll und Abfall und Durcheinander scheinen sie ja nicht zu stören – also haben sie vielleicht auch nichts gegen Flaschenscherben und Papier und Bananenschalen in ihrem eigenen Garten.«

»Von mir können sie ungefähr sechs alte Zeitungen haben, die ich mit der Zeit von meiner Wiese aufgelesen habe«, sagte Nopp.

»Und von mir einen Sack voll Glasscherben«, sagte Dutt.

»Heute nacht gehen wir hin und laden alles in Brauns Garten ab«, sagten alle. »Genau das Richtige! Werden die sich freuen, wenn sie so einen schönen Haufen Müll zurückkriegen!«

Also machten sich in der Nacht sieben Heinzelmännchen auf den Weg. Sie flogen mit der Mitternachtseule, die zwischen Wald und Stadt verkehrt.

Als sie über Brauns Garten ankamen, landeten sie auf dem Gras und öffneten leise ihre Säcke.

Die Glassplitter streuten sie über den gepflegten Rasen. Die alten Zeitungen warfen sie da hin, wo der Wind sie ordentlich herumwirbeln konnte. Einwickelpapier, Schachteln und Apfelsinen- und Bananenschalen verteilten sie gleichmäßig über den ganzen Garten. Und als sie schon wieder abfliegen wollten, blieb Herr Quink plötzlich stehen.

»Da!« sagte er. »Meine weiße Glücksglokkenblume. Die *muß* ich mit nach Hause nehmen.«

»Und guckt mal – da blüht gerade eine Lupine!« sagte Nopp. »So eine habe ich nicht in meinem Garten. Da Brauns deine Blumen mitgenommen haben, Quink, werden sie wohl nichts dagegen haben, wenn wir

ihre mitnehmen. Ich *muß* diese Lupine haben!«
Ein wenig später waren die Heinzelmännchen dabei, die hübschesten Blumen und Pflanzen in Brauns Garten auszugraben, und dann traten sie auf der Eule den Rück-

flug an, die Müllsäcke voll wunderschöner Blumen. Die Heinzelmännchen waren ganz entzückt.
Als Herr Braun am nächsten Morgen aufwachte und zum Fenster hinausschaute, um zu sehen, wie das Wetter wohl werden würde, bekam er einen furchtbaren Schreck! Sein Garten war vollkommen verwüstet! Seine Blumen waren verschwunden – sein Rasen war mit Glassplittern besät – und lauter Abfall und Müll flog herum oder lag auf den Beeten.
»Guck dir das an!« sagte Herr Braun grimmig. »Guck dir das doch nur mal an. Nun möchte ich doch wissen, wer das war!«
Frau Braun sprang aus dem Bett und starrte in den abscheulichen Garten. Die Tränen traten ihr in die Augen, denn sie liebte ihren Garten sehr. »Ach, wie kann nur jemand so garstig sein!« sagte sie.
Thomas und Annie waren auch ärgerlich. »Die reinste Müllkippe«, sagte Annie. »Warum schaffen die Leute ihre Abfälle nicht weg, wie es sich gehört, statt sie einfach in unseren Garten zu kippen?«
Nun, Herr Braun meldete es bei der Poli-

zei, und der Polizist schrieb alles mögliche in seinem Notizbuch auf und sagte, er werde vor dem Garten Wache halten für den Fall, daß es vielleicht noch einmal vorkam. Und Thomas und Annie brauchten den ganzen Morgen, um all den Müll wegzuräumen und den Garten wiederherzurichten. Herr Braun mußte neue Pflanzen kaufen, um die verschwundenen Blumen zu ersetzen, und darüber war er sehr, sehr wütend.

Tja, ob ihr's glaubt oder nicht: obwohl der Polizist in der nächsten Nacht scharf aufpaßte, kam doch *irgend* jemand, den er nicht sah, und kippte wieder allen möglichen Müll in Brauns Garten aus! Das war sehr, sehr merkwürdig, denn der Polizist sah zwar den Müll, der im Garten herumgeworfen wurde, aber er konnte nicht sehen, wer ihn herumwarf.

Die Heinzelmännchen waren unsichtbar für ihn, weil er an Märchenwesen nicht glaubte. Er bekam es mit der Angst zu tun und rannte den ganzen Weg zur Polizeiwache zurück.

Ja, und jetzt kommen die Heinzelmänn-

chen immer noch ungefähr jede zweite Nacht und kippen bei Brauns alle Abfälle aus, die die Leute in Feld, Wald und Wiese zurücklassen. Ihr Garten sieht ganz abscheulich aus, und sie können überhaupt nichts dagegen machen.
Annie ahnt allmählich, daß es vielleicht die Heinzelmännchen sein *könnten*, die ihren Garten so verunstalten – und sie wünscht, sie und die anderen Brauns wären an jenem Tag im Wald nicht so unordentlich gewesen!
»Ich stelle ein Schild auf, daß es uns leid tut und daß wir's nicht noch einmal tun wollen«, sagte sich Annie. »Dann bringen sie uns vielleicht keinen Müll mehr her.«
Und das wird sie nun heute abend machen – und dann werden sich die Heinzelmännchen einen anderen Garten suchen müssen. Hoffentlich nicht euren! Aber sicherlich seid ihr nicht so wie Brauns. Ihr wißt, wie ihr euch zu benehmen habt, wenn ihr im Wald Rast macht – *eurem* Garten kann also nichts geschehen!

Die schneeweiße Taube

Es war einmal ein kleines Mädchen, das hieß Sylvia.
Sie hatte alle Vögel und Tiere gern, aber sie selber hatte kein einziges Tier, nicht einmal eine Schildkröte. Also sagte sie zu den wilden Vögeln »meine Vögel« und fütterte sie jeden Tag mit Resten und Krümeln, die sie auf einen alten Baumstumpf im Garten streute.
Eines Tages flog eine schneeweiße Taube hinzu, um mit den anderen Vögeln das Futter aufzupicken. Sylvia war überrascht.
»Guck mal, Mami«, sagte sie, »da ist eine Pfauentaube – siehst du den schönen Fächerschwanz? Wo kann sie denn herkommen? Ach, ich wünschte, ich könnte so eine haben!«

Aber Sylvias Mutter war sehr arm und hatte nicht die paar Groschen für das Futter übrig, das die Taube würde fressen müssen. Also schüttelte sie den Kopf.
»Wir haben kein Geld für Haustiere«, sagte sie. »Tauben fressen Körner, Sylvia. Die da, die zum Fressen heruntergekommen ist, hat überhaupt nichts aufgepickt. Sie wollte nur mal gucken, ob vielleicht Samen oder Getreidekörner zu kriegen waren – aber da sie nichts gefunden hat, wird sie wohl wieder wegfliegen.«
Die Taube wäre tatsächlich wieder weggeflogen – aber da passierte etwas Gräßliches. Die Katze von nebenan schlich sich an, versteckte sich hinter einem Busch – und stürzte sich auf die arme weiße Taube!
»Oh! Oh!« schrie Sylvia entsetzt und warf sich dazwischen. Sie scheuchte die Katze weg und hob dann die verletzte Taube auf. Die Katze hatte sie in einen Flügel gebissen, so daß sie nicht fliegen konnte. Sie hatte große Angst; ihre rubinroten Augen waren fest geschlossen. Sylvia brachte die Taube behutsam zu ihrer Mutter.

»In ein, zwei Tagen ist der Flügel wieder heil«, sagte ihre Mutter. »Bis sie wieder fliegen kann, muß sie in einen Käfig, sonst macht sich die Katze noch einmal an sie heran!«
»Ich habe aber keinen Käfig«, sagte Sylvia mit gerunzelter Stirn. Dann leuchtete ihr Gesicht auf. »Ah, Mutter, da ist doch der alte Kaninchenstall im Schuppen. Ginge der?«
»Ja, wenn du ihn gründlich saubermachst«, sagte ihre Mutter. »Eine Weile kannst du die Taube wohl darin halten. Wir müssen inzwischen herausfinden, wem sie gehört, und wenn der Flügel wieder heil ist, geben wir sie zurück.«
Also machte Sylvia den alten Kaninchenstall sauber und flickte den Maschendraht in der Tür mit Bindfaden. Dann stellte sie ihn unters Wohnzimmerfenster. Behutsam setzte sie die verletzte Taube in den alten Stall.
Mutter hatte den Flügel gewaschen, und nun hielt die Taube die Augen auch wieder offen. Angst hatte sie wohl immer noch, aber sie wehrte sich nicht gegen Sylvias

behutsame Hände. Sie wußte, daß das kleine Mädchen sie liebte.

»Mutter, womit soll ich sie füttern?« fragte Sylvia. »Ich habe kein Geld für Körner.«

»Lauf mal zum Bauernhof und frag die Bauersfrau, ob du vielleicht Besorgungen für sie machen kannst«, sagte Mutter. »Vielleicht schenkt sie dir eine Handvoll Gerste oder Hafer, wenn du ihr ein bißchen hilfst.«

Also zog Sylvia los und fragte Frau Stroh, die Bauersfrau, ob sie irgendwelche Arbeit für sie habe.

»Ja«, sagte Frau Stroh sofort. »Du kannst mir alle Eier waschen, damit sie sauber sind für den Markt. Ich habe heute morgen keine Zeit dazu. Aber paß auf und zerbrich mir keine!«

Sylvia wusch fast hundert Eier und zerbrach kein einziges. Frau Stroh war sehr zufrieden mit ihr.

»Du kannst drei Eier mit nach Hause nehmen«, sagte sie. Aber Sylvia sah sie schüchtern an.

»Könnte ich vielleicht lieber eine Handvoll Körner haben?« fragte sie. »Ich habe eine

verletzte Taube – und kein Futter für sie.«
»Du gutes Kind! Natürlich kannst du die Körner haben!« sagte Frau Stroh und eilte davon, um sich um ihren Backofen zu kümmern. Sylvia lief zum Kornkasten und nahm sich eine Handvoll Körner. Sie hielt die Hand über ihre Schürzentasche, damit ihr auch ja kein Korn verlorenging, und ging langsam nach Hause. Die Taube freute sich sehr über die Körner, denn sie hatte großen Hunger.
»Ruckedi-ruh, ruckedi-ruh!« sagte sie zu Sylvia und pickte die Körner auf. Am nächsten Morgen war keins mehr zu sehen.
»Ich muß zu Frau Stroh und ihr wieder ein bißchen helfen«, sagte Sylvia. »Vielleicht gibt sie mir dann wieder Körner.«
Also machte sie sich auf den Weg. Frau Stroh freute sich, als sie sie sah, denn das kleine Mädchen konnte tüchtig arbeiten.
»Guten Morgen«, sagte sie. »Du kommst gerade richtig. Ich habe sechs kleine Lämmchen im Garten, die ich mit der Flasche großziehe. Würdest du mir wohl die Milch warm machen und in diese Fläschchen füllen und dann einem Lamm nach

dem anderen die Flasche geben?«
Ja, war das nicht die schönste Arbeit, die man sich vorstellen konnte? Sylvia war entzückt. Sie machte die Milch in einem großen Topf auf Frau Strohs Herd warm und füllte sie dann in die Flaschen. Sie ließ die Flaschen für die Lämmchen wieder etwas abkühlen und ging dann nach draußen. Die langbeinigen Geschöpfe kamen sofort auf sie zugehüpft, neugierig und hungrig. Sie fütterte eins nach dem anderen, indem sie ihnen den Nuckel ins Maul steckte und sie die warme Milch aus der Flasche saugen ließ.
»Ach, das ist wirklich eine wunderschöne Beschäftigung«, seufzte Sylvia glücklich. »Liebe, kleine Lämmchen. Ich kann es gar nicht glauben, daß aus euch diese fetten alten Schafe werden.«
Frau Stroh war wieder zufrieden mit Sylvia. »Nimm sechs Äpfel mit nach Hause für dich«, sagte sie. »In der Vorratskammer sind welche.«
Sylvia hätte die Äpfel sehr gern gehabt, aber sie brauchte ja Körner für die Taube. Frau Stroh nickte und sagte ja, sie könne

sich eine Handvoll nehmen. Also nahm Sylvia wieder eine Handvoll mit nach Hause und fütterte die hungrige Taube. Sie schaute in den Käfig, in dem die Taube es sich auf dem Heu bequem gemacht hatte. Als sie aufstand, um die Körner aufzupicken, sah Sylvia etwas auf dem Heu liegen.
»Ein Ei!« rief sie. »Ein hübsches weißes Ei! Die Taube hat es gelegt! Ach, ob wohl ein kleines Täubchen daraus ausschlüpft?«
Sie rannte gleich zu ihrer Mutter, um es ihr

zu erzählen. Mutter war so überrascht! »Nanu!« sagte sie. »Wer hätte das gedacht?«

»Jetzt möchte ich doch wissen, wem die Taube gehört. Die werden staunen, wenn sie erfahren, daß sie ein Ei gelegt hat.«

»Ich weiß schon, wem sie gehört«, sagte ihre Mutter. »Fräulein Kellner hinten am Wald. Ihr ist eine weggeflogen. Wenn du willst, kannst du mal zu ihr hingehen und ihr sagen, daß ihre Taube wohlbehalten in unserem alten Kaninchenstall sitzt.«

Sylvia machte sich auf den Weg zu Fräulein Kellner, einer sehr netten alten Dame, die genau wie Sylvia ein Herz für Tiere und Vögel hatte.

»Eine Katze hat Ihre Taube gebissen«, sagte Sylvia, »da habe ich sie in einen alten Stall gesetzt, um sie gesundzupflegen. Ich hatte kein Geld, um Körner zu kaufen, darum habe ich Frau Stroh ein bißchen geholfen, und sie hat mir dafür Körner für die Taube gegeben. Und jetzt hat die Taube ein Ei gelegt!«

»Hm, du warst wirklich eine liebe gute kleine Freundin für meine Taube«, sagte

Fräulein Kellner. »Würdest du sie bitte bei dir behalten, bis das kleine Täubchen ausgeschlüpft ist und groß genug ist, um für sich selber zu sorgen? Vielleicht möchtest du das Junge behalten, als deine eigene Taube? Ich kann dir immer von meinem Korn dafür abgeben.«
Sylvia war so entzückt, daß sie sich kaum bedanken konnte. Eine eigene Taube – die bei ihr aus dem Ei schlüpfte und bei ihr aufwuchs! Es war nicht zu fassen, so schön war das.
Sie rannte nach Hause, um ihrer Mutter die freudige Nachricht zu überbringen. Mutter freute sich auch, denn sie wußte ja, wie sehr Sylvia sich ein eigenes Tier oder einen eigenen Vogel wünschte.
Die Taube saß tagaus, tagein auf ihrem weißen Ei. Der Flügel verheilte, aber Sylvia ließ sie trotzdem noch nicht fliegen, damit sie ja nicht von der Katze erwischt wurde.
Erst als das kleine Täubchen ausgeschlüpft und schließlich groß genug war, um selber zurechtzukommen, öffnete sie die Maschendrahttür und ließ die Taubenmutter zu Fräulein Kellners Taubenschlag

zurückfliegen.
Das junge Täubchen jedoch blieb bei Sylvia und wurde groß und weiß und schön wie seine Mutter. Es hatte einen herrlichen Fächerschwanz, den es im Gehen wie ein kleiner Pfau spreizte. Es sagte »Ruckedi-ruh, ruckedi-ruh!« zu Sylvia, wenn es sie sah.
Sylvia hat die Taube immer noch – und ratet mal, wie sie sie genannt hat! Ob ihr's wohl richtig erraten habt? Ja – sie hieß Schneewittchen!

Die grüne Plüschente

Die grüne Plüschente lebte zusammen mit all den anderen Spielsachen im Spielzimmer. Sie hatte grüne Plüschflügel und einen grünen Plüschrücken und einen roten Plüschhals, einen gelben Schnabel und gelbe Beine; und eine wunderschöne Stimme: Sie machte laut »Quak!«, wenn man ihr auf den Bauch drückte.

Keins von den anderen Spieltieren hatte so eine kräftige Stimme. Der Teddybär konnte nur noch sehr leise brummen, weil er schon so oft gedrückt worden war, daß er sich fast ausgebrummt hatte. Rutchen, die Babypuppe, hatte mal »Mama!« sagen können, aber dann hatte Mama eines Tages versehentlich auf sie getreten, und seitdem konnte die Puppe nicht mehr so gut »Mama!« sagen. Und der Struwwelmohr hatte überhaupt nie knurren oder quieken können – er tat nur so.

Aber wenn es dunkel war im Spielzimmer und nur der Herbstmond zwischen den Wolken zum Fenster hereinschien, konnten natürlich alle Spielsachen sprechen und hatten sich eine Menge zu sagen. Ihr Quieken, Brummen und »Mama!« war nur für den Tag. Wenn der Tag vorbei war, redeten sie mit ihren eigenen kleinen Stimmchen, und, Kinder! war das ein Geplapper!

Eines Abends nun kam die grüne Plüschente sich sehr großartig vor. Paulchen, der kleine Junge, dem all diese Spielsachen gehörten, hatte nachmittags eine Freundin zum Spielen dagehabt. Margarete, seiner kleinen Freundin, gefiel von allen seinen Spielsachen und Spieltieren die Plüschente am besten. Beim Kaffeetrinken hatte sie die Ente neben sich sitzen lassen und sie wohl hundertmal, wenn nicht noch öfter, zum Quaken gebracht.

Kein Wunder, daß die Plüschente sich großartig vorkam. Margarete hatte gesagt, daß ihr Quaken sich genauso anhöre wie

das Quaken einer echten Ente und daß sie die netteste Ente von der Welt sei. Also fühlte sich die Ente an diesem Abend als Königin im Spielzimmer.
»Habt ihr gehört, was Margarete über mich gesagt hat?« sagte sie zu den anderen Spielsachen. »Sie hat gesagt, mein Quaken hört sich . . .«
»Ja, wir haben es gehört«, unterbrach sie der Teddybär ziemlich ärgerlich. »Wir wollen es nicht *noch* einmal hören. Am besten denkst du nicht mehr dran, Plüschente!«
»Nicht mehr dran denken?« sagte die Ente überrascht. »Warum soll ich denn nicht mehr dran denken? Ich will aber daran denken! Ich will es mein Leben lang nicht vergessen! Also, Margarete hat gesagt, ich . . .«
»Ach, nun hör doch endlich auf anzugeben!« sagte der Struwwelmohr. »Und fang um Himmels willen nicht an zu quaken. Wir haben genug für heute von dem fürchterlichen Geplärre!«
»*Was* sagst du da? Fürchterliches Geplärre! Ha!« rief die Plüschente zornig. »Also, ich will dir mal was sagen: Marga-

rete hat gesagt, ich bin die netteste Ente von der Welt!«

»Und das stimmt eben nicht«, sagte die Puppe Rutchen. »Margarete kann wohl noch nicht viele Enten gesehen haben, sonst hätte sie so etwas Dummes kaum gesagt. Du siehst überhaupt nicht wie eine richtige Ente aus, überhaupt kein bißchen! Ich habe mehr als genug echte lebendige Enten gesehen, und die waren alle weiß. Du bist gräßlich grün, und dein Quaken hört sich so schrecklich an, daß wir es nun alle wirklich nicht mehr hören können. Halt also bitte den Schnabel.«

Nun, die Plüschente war so außer sich, als sie das alles hören mußte, daß sie kaum mehr wußte, was sie dazu sagen sollte. Dann quakte sie ganz besonders laut und sagte: »Ich bin also keine richtige Ente, behauptest du! Bin ich aber doch! Quäk! Ich kann alles machen, was eine richtige Ente machen kann, und ich wünschte nur, ich wäre eine richtige Ente und könnte auf einem Teich leben, anstatt bei so garstigen und abscheulichen Spielsachen, wie ihr es seid!«

»Kannst du etwa Eier legen?« fragte der Teddybär.
»Natürlich nicht«, sagte die Plüschente.
»Hm, eine richtige Ente kann das aber, also bist du keine richtige Ente!« sagte der Teddybär.
»Kannst du schwimmen?« fragte der Struwwelmohr.
Die Plüschente wußte es nicht. Sie hatte es noch nie versucht.
»Ich glaube ja«, sagte sie schließlich. »Bestimmt würde ich's können, wenn ich's mal versuche.«
»Kannst du Frösche fressen?« fragte Rutchen.
»Uh! Wie gräßlich! Das möchte ich ganz bestimmt nicht!« sagte die Plüschente, der ganz übel geworden war.
»Du kannst keine Eier legen, kannst nicht schwimmen, kannst keine Frösche fressen, also bist du auch nicht wie eine richtige Ente!« sagte der Teddybär. »Haha!«
Die Plüschente wurde rot vor Zorn.
»Und ich bin *doch* genauso wie eine richtige Ente, nur noch netter!« sagte sie. »Ich könnte wohl auch Eier legen und all das

andere, falls ich es mal versuchen würde – aber ich habe es eben noch nie versucht.«
»Na, dann versuch doch jetzt mal, ein Ei zu legen«, sagte Rutchen.
Die Plüschente setzte sich mit ernstem Gesicht hin und versuchte mit aller Macht, ein Ei zu legen. Aber es nützte alles nichts, sie schaffte es nicht. Sie war sehr enttäuscht.
»Nun, dann friß einen Frosch«, sagte der Struwwelmohr. Aber niemand wußte, wo man einen Frosch finden konnte oder wie man ihn, falls man einen fand, dazu kriegen sollte, ins Spielzimmer zu gehen. Darum sagten sie zu der Ente, daß sie's auch so glaubten.
»Aber zeig uns, wie du schwimmen kannst«, sagte der Teddybär.
»Aber wo kann ich schwimmen?« fragte die Ente. »Weit und breit ist kein Teich in der Nähe, und bis zum Badezimmer ist es zu weit für uns alle!«
»Du kannst in dem Goldfischglas da oben auf dem Regal schwimmen!« rief Rutchen und zeigte auf das Aquarium, in dem vier

Goldfische langsam umherschwammen. Aber die Idee gefiel der Plüschente überhaupt nicht!

»Oh, ich werde es wohl heute nacht lieber nicht versuchen«, sagte sie. »Die Goldfische haben es vielleicht nicht gern.«

»Du hast Angst!« riefen alle. »Du hast geschwindelt! Du kannst gar nicht schwimmen! Du bist *kein bißchen* wie eine richtige Ente!«

Das machte die Plüschente so wütend, daß sie sofort zu dem Aquarium hinaufkletterte und sich hineinplumpsen ließ. Einen Augenblick lang schwamm sie auf dem Wasser.

»Ich kann *doch* schwimmen!« rief sie. Aber oje! Was war denn da bloß los? Tja, ihr Plüschfell saugte sich mit Wasser voll, und das Wasser sickerte geradewegs in das Sägemehl, womit sie ausgestopft war. Und sie kippte um und fing an zu sinken. Da kriegte sie es aber mit der Angst zu tun – und die anderen Spielsachen auch!

»Hilfe! Hilfe!« schrie die arme Plüschente. »Ich gehe unter! Ich gehe unter! Hilfe!«

Die Goldfische knabberten mit ihren roten

Mäulern an ihr. Die Spielsachen schauten voller Entsetzen zu. Was konnten sie denn bloß machen? Und wer, glaubt ihr, kam ihr nun zu Hilfe? Die drei kleinen Plastikfrösche, die Paulchen jeden Abend in seiner Badewanne schwimmen ließ! Sie hatten während des ganzen Streits mucksmäuschenstill dagesessen, denn sie waren ja nur kleine Spielsachen und sprachen nicht gern, wenn alle was sagten. Und außerdem hatten sie Angst gehabt, die Plüschente könnte vorschlagen, statt richtiger Frösche sie zu fressen.

Aber sie waren tapfer, und nun entschlossen sie sich zu helfen. Sie hüpften aufs Regal und hopsten ins Wasser. Sie tauchten unter die arme, verängstigte Ente und hoben sie wieder an die Oberfläche. Der Teddybär und der Struwwelmohr zogen sie heraus, und triefnaß sprang sie wieder auf den Boden.

»Es tut uns so leid, daß wir dich gehänselt haben!« sagte der Teddybär, immer noch erschrocken. »Kannst du uns noch einmal verzeihen?«

»Ich bin nicht wie eine richtige Ente«, sagte

die Plüschente traurig. »Ich kann nicht einmal schwimmen.«
»Nein, aber du kannst quaken«, sagte der Struwwelmohr, der alles wieder gutmachen wollte. »Quak doch noch mal, Ente, damit wir deine wunderschöne Stimme hören können!«
Aber o Schreck! Das Wasser war in den Quakknopf der Plüschente eingedrungen, und sie konnte nichts mehr sagen. Kein einziges Quak konnte sie quaken! Sie war außer sich! Das Wasser war kalt gewesen, und sie zitterte vor Kälte. Die Spielsachen hatten Angst, sie könnte sich erkälten, und nahmen sie mit an die Heizung, und der Teddybär half ihr hinauf. Dort war es ganz warm.
Die Ente wurde allmählich trocken, aber traurig war sie immer noch.
»Jetzt kann ich nicht mal mehr quaken«, sagte sie traurig. »Ich kann nicht schwimmen, ich kann keine Eier legen, ich kann keine Frösche fressen, ich kann nicht einmal quaken. Ich könnte genausogut im Mülleimer sein!«
»Das darfst du nicht sagen!« riefen die

Spielsachen entsetzt. »Kopf hoch! Wir wählen dich zur Spielzeugkönigin, obwohl du nicht quaken kannst.«
Also wählten sie die Plüschente zur Königin im Spielzimmer, aber das machte sie auch nicht sehr glücklich. Ihr war so jammervoll zumute, weil sie ihr Quaken verloren hatte.
Aber hurra! Als Paulchen am nächsten Morgen ins Spielzimmer kam und sie in den Bauch piekte, war ihr Quak wieder da! »Quak!« sagte sie, und sogar noch lauter als vorher! Das Wasser war an der Heizung weggetrocknet, und ihr Quaken klang schöner denn je.
Jetzt ist sie wieder ganz glücklich. Sie ist immer noch Spielzimmerkönigin, und ihr Quaken klingt immer noch fabelhaft. Aber eins macht sie jetzt nie; sie geht nie dicht an das Goldfischglas heran, und das überrascht mich überhaupt nicht, oder dich?

Von der Frau mit dem Stock

Niemand wußte, wie die kleine Frau richtig hieß. Alle nannten sie Frau Tap-tap-tap, denn so machte sie mit ihrem Stock, wenn sie die Straße entlangging.
Sie war nämlich blind und konnte nicht sehen und mußte deshalb immer einen Stock mitnehmen, mit dem sie sich über den Bürgersteig tastete, um den Bordstein zu finden.
Sie war eine nette, fröhliche alte Dame, und sie ging oft allein spazieren. Aber nur wenn ihr jemand dabei half, konnte sie die Straße überqueren, weil sie ja nicht sehen konnte, ob Autos kamen.
Die Kinder waren sehr nett zu ihr. Sobald ein Junge oder ein Mädchen Frau Tap-tap-tap am Straßenrand warten sah, weil sie über die Straße wollte, ging einer zu ihr

hin und führte sie auf die andere Seite, sobald die Straße frei war.
»Danke, mein liebes Kind«, sagte Frau Tap-tap-tap dann und ging *tap-tap-tap* weiter.
Einer von den Jungen, die Frau Tap-tap-tap oft halfen, war Jochen Kampmann. Er begegnete ihr immer, wenn er nachmittags aus der Schule nach Hause kam, und oft wartete sie auf ihn, um sich von ihm über die Straße helfen zu lassen.
»Guten Tag, Jochen!« sagte sie, wenn er dann kam. »Ich erkenne dich immer an deinem Schritt.«
»Guten Tag, Frau Tap-tap-tap!« antwortete Jochen dann. »Kommen Sie, ich helfe Ihnen über die Straße. Augenblick – da kommt gerade ein Auto. Jetzt ist es vorbei. Jetzt können wir.«
So ging das fast jeden Nachmittag, und Jochen mochte Frau Tap-tap-tap sehr gern, weil sie immer einen kleinen Scherz machte.
An einem Novembernachmittag kam dichter Nebel auf, und als Jochen von der Schule nach Hause ging, konnte er kaum

das Schultor erkennen. Zuerst machte es ihm Spaß. Dann aber nicht mehr – denn er stellte auf einmal fest, daß alles ganz anders aussah als sonst. Allmählich wurde er unsicher, ob er auf dem richtigen Weg nach Hause war.

»Das hier ist der richtige Weg«, versicherte er sich, als er sich an einem Geländer entlangtastete. »Hier muß ich jetzt an eine Ecke kommen.«

Kam er aber nicht. Es schien überhaupt nirgendwo eine Ecke zu sein. Er machte kehrt und versuchte, das Schultor wiederzufinden, um sich dann von dort aus erneut auf den Heimweg zu machen. Aber er konnte das Tor nicht finden!

»In diesem gräßlichen Nebel ist alles so finster wie in der Nacht!« sagte Jochen und versuchte, keine Angst zu bekommen. »Wo bin ich denn bloß? Ich weiß es wirklich nicht. Ich habe mich total verlaufen.«

Er blieb eine kleine Weile stehen, wo er stand, weil er hoffte, es werde jemand vorbeikommen, den er nach dem Weg fragen konnte. Aber es kam niemand. Alle Leute saßen sicher gemütlich zu Hause.

Jochen machte sich noch einmal auf den Weg, und diesmal versuchte er, die Schilder an den Häusern zu lesen, um so vielleicht festzustellen, wo er war. Aber selbst dafür war es zu nebelig.
Schließlich blieb er wieder stehen, weil er das Gefühl hatte, daß er statt nach Hause immer weiter von zu Hause wegging. Und dann hörte er jemand kommen.
Tap-tap-tap! Tap-tap-tap! Das war es, was er hörte.

Du liebe Zeit! Das muß Frau Tap-tap-tap mit ihrem Stock sein! überlegte Jochen. Ja, so was! Da ist sie an diesem scheußlichen Tag unterwegs! Hoffentlich hat sie sich nicht auch verlaufen!
Wenig später kam Frau Tap-tap-tap ganz dicht an Jochen vorbei. Er streckte die Hand nach ihr aus und hielt sie an.
»Frau Tap-tap-tap, haben Sie sich auch verirrt?« fragte er.
»Verirrt?« fragte die alte Frau überrascht. »Natürlich nicht! Warum soll ich mich verirrt haben?«
»Nun, es ist doch heute so finster wie in der Nacht bei diesem dichten Nebel«, erklärte Jochen ihr.
»Mein lieber Junge, für mich ist es immer so finster wie in der Nacht«, sagte Frau Tap-tap-tap. »Blinde sind immer im Dunkeln – was soll mir der Nebel also anhaben? Ich finde meinen Weg im Nebel ebensogut wie bei Sonnenschein.«
»Ach, wirklich?« fragte Jochen überrascht. »Darüber habe ich noch nie nachgedacht.«
»O ja, Jochen, am hellen Tag magst du ja

wohl ganz gut nach Hause finden, aber im Nebel bin ich schlauer als du«, sagte Frau Tap-tap-tap und lachte vergnügt. »Ich glaube, Jochen, heute muß *ich* zur Abwechslung mal *dir* helfen, hm? Nun, das ist eine angenehme Abwechslung! Komm mit! Ich wohne gleich hier in der Nähe. Wir trinken erst einmal ein Täßchen Tee zusammen, und dann bringe *ich dich* nach Hause.«
Jochen hakte sich bei der alten Dame ein und ging neben ihr her. Sie kannte ihren Weg gut. Sie tastete sich mit ihrem Stock *tap-tap-tap* immer den Bürgersteig entlang, bog an den richtigen Ecken ab und wußte überhaupt ganz genau, wie sie gehen mußte. Schließlich kam sie zu einem kleinen Haus. Sie holte den Schlüssel aus der Tasche und öffnete die Tür. Sie gingen beide hinein.
Ein kleines, dickes, rundes Hausmädchen kam ihnen in der Diele schnell entgegen. »Ach, bin ich froh, daß Sie wieder wohlbehalten zu Hause sind!« rief sie.
»Warum denn wohl nicht?« sagte die alte Dame. »So, Gertrud, bringen Sie uns bitte

Tee und Toast und ein paar von meinen leckersten Plätzchen. Wir haben heute einen Besucher hier – jemand, der mir schon viel geholfen hat. Und nun wollen wir es uns gemütlich machen.«
Bald saßen Jochen und Frau Tap-tap-tap beieinander und ließen sich ihren Tee schmecken. Dann setzte Frau Tap-tap-tap ihren Hut wieder auf und machte sich mit Jochen auf den Weg.
Draußen war es immer noch sehr nebelig – aber das machte der alten Frau überhaupt nichts aus. Nein – *sie* konnte ebensogut im Dunkeln wie bei Licht ihren Weg finden!
Es dauerte nicht lange, da kamen sie bei Jochen zu Hause an. Jochens Mutter war heilfroh, als sie ihn sah. Sie bedankte sich sehr bei Frau Tap-tap-tap dafür, daß sie Jochen wohlbehalten nach Hause gebracht hatte.
»Oh, Ihr Jochen hat mir schon so manches Mal geholfen«, sagte die alte Dame und lächelte. »Nun war die Reihe an mir, ihm zu helfen. Auf Wiedersehen, Jochen! Du bringst mich morgen sicher über die

Straße, wenn schönes Wetter ist, ja?«
»Natürlich!« sagte Jochen. »Ich bin Ihr Auge bei Sonnenschein – und Sie können meins sein bei Nebel!«

Die Geschichte von Schnickschnack

Es war einmal ein boshafter kleiner Wichtel, der hieß Schnickschnack. Immerzu spielte er Streiche – und es waren fast nie nette Streiche!
Einmal tat er Salz in Frau Schnopps Zukkerbüchse, und sie konnte sich gar nicht erklären, warum in der Woche alle ihre Plätzchen so abscheulich schmeckten. Sie hatte nämlich Salz an den Teig gerührt statt Zucker.
Ein andermal goß Schnickschnack Sirup in Herrn Tütels Hut, und, du liebe Zeit! hatte Herr Tütel da Mühe, den Hut zu ziehen, als er Frau Stopf beim Einkaufen begegnete!
Ja – Schnickschnak war wirklich ein sehr nichtsnutziger Wichtel!
Aber eines Tages ging er zu weit. Hört euch das mal an!

Er sagte sich, ich gehe jetzt spazieren und will doch mal sehen, was ich heute anstellen kann. Also ging er los, die Hände in den Hosentaschen und die flinken Augen überall.
Nach einer Weile kam er in den Kuckuckswald. Er ging einen Weg entlang, den er nicht sehr gut kannte, und kam an ein kleines Haus mitten im Wald.
Wer mochte denn hier wohl wohnen? Schnickschnack ging um das ganze Haus herum – und ja! da auf der Mauer lagen zwei schwarze Hexenkater und schliefen in der Sonne!
Hexenkater nun haben sehr lange Schwänze – und Schnickschnack sah diese beiden Schwänze, und sofort dachte er sich einen sehr bösen Streich aus. Er wollte sie zusammenknoten, während die beiden Kater schliefen – und, Junge! würden die einen Schreck kriegen, wenn sie aufwachten!
Also schlich er sich ganz leise auf Zehenspitzen an die schlafenden Kater heran. Er nahm ihre langen, langen Schwänze und knüpfte sie vorsichtig zu einem riesengro-

ßen Knoten zusammen. Die Kater schliefen friedlich weiter.
Aber die alte Hexe, die in dem Haus wohnte, guckte zum Fenster hinaus und sah, was Schnickschnack angestellt hatte. Wütend schlug sie mit der Faust ans Fenster – und davon wurden die Kater wach! Sie hopsten vor Schreck von der Mauer, aber da ihre Schwänze aneinandergeknotet waren, konnten sie natürlich nicht weglaufen. Ein Kater wollte ins Haus rennen, der andere wollte zum Tor hinaus – und keiner von beiden kam auch nur einen Daumenbreit von der Stelle, weil ihre Schwänze zusammengeknotet waren und die Kater sich gegenseitig festhielten!
Schnickschnack fing an zu lachen – aber da geschah etwas sehr Überraschendes! Die Schwänze gingen ab! Ja, wahrhaftig – und damit nicht genug, schlängelten sich diese Schwänze wie Schlangen davon, durchs Gartentor, an Schnickschnack vorbei und weiter in den Wald!
»Miau! Miau!« maunzten die beiden Kater bestürzt. »Wir haben unsere Schwänze verloren!«

Da kam die Hexe den Weg entlanggerannt. Sie war außer sich vor Zorn. Bevor Schnickschnack entwischen konnte, packte sie ihn bei den Schultern und rüttelte und schüttelte ihn.
»Du garstiger, boshafter Wichtelzwerg!« schrie sie. »Jetzt rennst du sofort hinter diesen Schwänzen her und bringst sie mir zurück, oder ich verwandele dich in einen Springfrosch! Hast du gehört?«
Schnickschnack bekam es mit der Angst zu tun. Er hatte wirklich nicht gewollt, daß die Schwänze abgingen. Er hatte vergessen, daß die Schwänze von Hexenkatern Zauberschwänze sind und sehr leicht abgehen.
»Es tut mir leid«, sagte er zu der Hexe. »Ich gehe sofort. Bestraf mich bitte nicht. Ich bin schon weg!«
»Sie hinterlassen eine silbrige Spur wie Schnecken«, erklärte ihm die Hexe. »Bring mir diese Schwänze bis heute abend zurück – oder du findest dich als Springfrosch wieder!«
Schnickschnack rannte los. Er sah die Silberspur, die die Schwänze hinterließen,

und folgte ihr. Durch den bunten Herbstwald lief er – und watete durch einen Bach – und dann ging's quer über ein Stoppelfeld – und dann einen sehr steilen Berg hinauf – und dann auf der anderen Seite wieder hinunter – und dann durch ein kleines Dorf aus lauter Fliegenpilzhäusern. Du liebe Zeit, wie weit diese Schwänze schon weg waren!

Endlich hörte die silbrige Spur auf. Sie endete vor der Tür eines kleinen schiefen Hauses, das eigenartig gelb gestrichen war. Es gefiel Schnickschnack ganz und gar nicht. Er wußte, daß ein Kobold hier wohnte – und Kobolde, die in gelben Häusern wohnen, sind meistens jähzornig. Warum mochten die Schwänze in dieses Haus gegangen sein? Oje!

Schnickschnack klopfte an. Ein Kobold öffnete ihm. Er hatte braune Runzeln auf der Stirn und überhaupt kein Kinn. Er gefiel Schnickschnack ganz und gar nicht.

»Bitte«, sagte er, »ich komme wegen der Schwänze.«

»Schwänze!« sagte der Kobold ärgerlich. »Welche Schwänze?«

»Wegen der Schwänze der beiden Hexenkater, die hier ins Haus gegangen sind«, erklärte Schnickschnack. »Gib sie mir bitte, sonst werde ich in einen Springfrosch verhext!«

»Wie sind sie denn abgegangen?« fragte der Kobold.

»Ich habe sie zusammengeknotet, und als die Kater wegrennen wollten, haben sie daran gerissen, und da sind sie abgegangen.« Schnickschnack wurde knallrot.

»Ho!« sagte der Kobold. »Dann gehören die Schwänze nicht *dir*. Ich behalte sie.«

Er knallte die Tür zu. Schnickschnack stand draußen und überlegte, was er machen sollte. Er klopfte noch einmal an.

»Geh weg!« brüllte der Kobold. Schnickschnack ging ums Haus herum zur Hintertür. Sie stand offen. Er spähte hinein. Der Kobold war gerade dabei, die beiden Schwänze auseinanderzuknoten.

»Schwänze, kommt her!« rief Schnickschnack. Der Kobold schaute auf, runzelte zornig die Stirn und hielt die sich windenden Schwänze fest, die mit aller Macht zu Schnickschnack hin wollten. Aber er

konnte sie nicht halten – und in einem plötzlichen Wutanfall schmiß er sie Schnickschnack hin.
»Dann nimm sie!« zischte er. »Und mögen sie dir fein nützen!«
Die Schwänze wanden sich und schlugen um sich – und sie gefielen Schnickschnack ganz und gar nicht. Er machte kehrt und wollte wegrennen – aber die Schwänze hängten sich an ihn, und auf einmal hatte Schnickschnack zwei lange schwarze Schwänze!
Er konnte sie nicht abreißen! Sie waren an ihm wie festgewachsen! War das nicht fürchterlich? Je heftiger er an ihnen zerrte, desto mehr tat er sich weh. Schließlich machte er sich mit tränenüberströmtem Gesicht auf den Rückweg zum Hexenhaus.
»Ich bringe die Schwänze zurück«, sagte er zu der Hexe. »Da sind sie – an mir festgewachsen. Nimm sie bitte ab.«
»Ach, ich möchte sie nun doch nicht haben«, meinte die Hexe. »Ich brauche sie nicht.« Sie zeigte ins Haus. »Guck da! Meine Kater haben beide wieder einen

schönen langen Schwanz. Ein Zwerg ist heute vorbeigekommen, der Schwänze verkaufte, also habe ich zwei gekauft. Du kannst deine Schwänze jetzt behalten!«

»Aber ich *will* die Schwänze nicht!« rief Schnickschnack entsetzt. »Ich will sie nicht, ich will sie nicht! Alle lachen mich doch aus, wenn ich mit zwei Schwänzen herumlaufe – besonders mit solchen, die so wedeln! Oh, nimm sie mir doch bitte ab!«

»Nein«, entschied die Hexe. »Endlich hat man auch dir mal einen Streich gespielt, Schnickschnack! Die Leute werden sich ausschütten vor Lachen!«

»Wie garstig von dir!« sagte Schnickschnack.

»Wieso? Du spielst immer den anderen Streiche und lachst dann über sie«, sagte die Hexe. »Jetzt weißt du mal, wie das ist, wenn man ausgelacht wird. Viel Spaß dabei!« Sie knallte die Tür zu und ließ den armen Schnickschnack draußen stehen.

Der Wichtel ging nach Hause – und wie da alle gelacht haben über seine beiden Schwänze! Es war ganz fürchterlich!

Schnickschnack trug seine Schwänze, bis er einem Zauberer begegnete, der sie abzaubern konnte. Er mußte dem Zauberer dafür einen Silbergroschen geben – aber er war sehr erleichtert, als er sah, wie der Zauberer die beiden Schwänze in einen Sack steckte und auf der Schulter davontrug! Die Enden guckten aus dem zugebundenen Sack hervor und wedelten fröhlich in der Luft.
»So, *die* bin ich los!« sagte Schnickschnack. »Und es war eine Lehre für mich! Ich spiele von jetzt an niemandem mehr einen bösen Streich – nur noch lustige, komische! Es ist nicht hübsch, wenn man hämisch ausgelacht wird!«
Wenn du also mal einem Wichtel begegnest, der Schnickschnack heißt, sag »Zweimal schwarzer Kater!« zu ihm. Wenn er dann rot wird, ist es der Wichtel aus dieser Geschichte!

Andreas und die Rotkehlchen

In Andreas' Garten lebte ein Rotkehlchen, das er »mein Rotkehlchen« nannte. Es war ein schwarzäugiger, langbeiniger kleiner Vogel mit roter Kehle und so zahm, daß er Andreas oft ein paar Kuchenkrümel von der Hand pickte.

In diesem Frühling hatte das Rotkehlchen sein Nest in einem alten Kochtopf unter der Hecke gebaut. Andreas fiel ein, daß er den Kochtopf dort einmal beim Spielen hingestellt und dann vergessen hatte. Das Rotkehlchen fand ihn, und zusammen mit seiner kleinen Frau hatte es ein gemütliches Nest darin gebaut.

Andreas freute sich darüber. Er guckte zu, wie die Rotkehlchen vom Nest wegflogen und wieder zurückkehrten. Er sah die fünf Eier, die das Rotkehlchenweibchen ins

Nest legte. Er sah sogar, wie drei von den Jungen gerade ausschlüpften. Das war wirklich aufregend! Die winzigen Vögel pickten von innen gegen die Schale, bis ein Loch darin war. Dann kamen sie heraus – nackte schwarze Vogelbabys ohne ein Fitzelchen Gefieder.

Am Tag darauf waren alle fünf ausgeschlüpft. Die Rotkehlchen warfen die leeren Schalen aus dem Kochtopfnest und machten sich auf die Jagd nach Raupen und Larven, um ihre fünf hungrigen Kinder zu füttern.

»Die werden euch ganz schön Arbeit machen«, sagte Andreas, als er sich die fünf winzigen Vögel ansah, die mit weit aufgerissenem Schnabel im Nest hockten. »Wenn ich nächste Woche meinen Garten umgrabe, gucke ich auch nach Raupen und bringe sie euch.«

Eines Tages passierte den Rotkehlchen etwas Schreckliches. Ein Eichhörnchen kam des Weges und sah das Nest im Kochtopf. Das Eichhörnchen wollte zur Abwechslung ganz gern mal ein paar kleine Vögel kosten. Als es also die kleinen Rotkehlchen sah, rannte es sofort zu ihnen hin. Vater und Mutter Rotkehlchen waren nicht da; sie jagten gerade nach Larven. Das Eichhörnchen nahm zwei von den kleinen Geschöpfen ins Maul und rannte mit ihnen davon.

Wie haben die Kleinen gepiept! Vater und Mutter Rotkehlchen hörten sie sofort und kamen schnell zurückgeflogen. Als sie das Eichhörnchen sahen, wußten sie gleich, was passiert war, und sie flogen gegen das Eichhörnchen an und sangen laut und zornig auf den Räuber ein, wie es Rotkehlchenart ist.

Das Eichhörnchen blieb stehen. Das eine Rotkehlchen flog gegen sein rechtes Auge und das andere gegen sein linkes. Es schüttelte den Kopf. Es duckte sich. Aber es nützte alles nichts. Diese Rotkehlchen würden es nicht in Ruhe lassen, bevor es die Jungen nicht fallen ließ.

Also ließ das Eichhörnchen sie auf den Rasen fallen und sprang dann in langen Sätzen zu einem Baum davon. Schwups! war es oben und saß da und schnitt den Rotkehlchen Gesichter.

Die Rotkehlchen flogen zu ihren zwei verschreckten Jungen hinunter. Sie hatten eigentlich nichts abbekommen – aber sie konnten unmöglich allein ins Nest zurück.
»Wir müssen sie im Schnabel tragen«, sang die Rotkehlchenmutter. Aber ach! Die Kleinen waren zu schwer.
»Laßt sie! Laßt sie!« sang die Drossel. »Ich kümmere mich nicht um meine Jungen, wenn sie aus dem Nest fallen.«
Aber die Rotkehlchen waren nicht wie die Drossel. Sie würden ihre Kleinen nicht allein lassen. Aber was konnten sie machen? Zum Tragen waren die Rotkehlchenbabys zu schwer. »Hol Andreas, hol Andreas!« sang Vater Rotkehlchen. »Er ist gut und stark.«
Also flogen die Rotkehlchen los, um Andreas zu holen. Er war im Kinderzimmer und baute gerade eine große Burg, und er war sehr überrascht, als die beiden Rotkehlchen auf einmal zum Fenster hereinflogen. Vater Rotkehlchen setzte sich ganz oben auf Andreas' Burg und sang ihm laut etwas vor.
Andreas guckte ihn aufmerksam an.

Das Rotkehlchen flog zum Fenster und wieder zurück.
»Was möchtest du denn?« fragte Andreas verdutzt. Das Rotkehlchen sang von neuem los und flog zum Fensterbrett. Andreas stand auf und ging hinterher – und er sah etwas auf dem Rasen. Was konnte das sein?
Er lief nach unten und in den Garten. Als er zu den kleinen Vögeln kam, die hilflos im Gras lagen, wurde ihm sofort klar, warum die Rotkehlchen ihn gerufen hatten.
»Sie wollen, daß ich ihre Jungen ins Nest zurückbringe«, sagte Andreas entzückt. »Ach, die schlauen kleinen Kerlchen! Sie wußten tatsächlich, daß ich ihnen helfen würde.«
Er hob die beiden verängstigten Vogelbabys behutsam auf und brachte sie zu dem Nest im Kochtopf. Dort setzte er sie zu den anderen, und schon bald kuschelten sie sich beruhigt und zufrieden hin.
»Vielen Dank!« sangen die Rotkehlchen. »Du bist lieb!«
Von nun an hatten die Rotkehlchen Angst vor dem Eichhörnchen. Eins blieb immer

zurück, um das Nest zu bewachen, bis die Jungen zu groß waren, um noch von einem Eichhörnchen weggetragen werden zu können.
Bald wurden sie flügge. Bald waren sie ausgeflogen. Die kleine Rotkehlchenfamilie trennte sich, und alle bis auf den Rotkehlchenvater verließen den Garten. Das kleine Rotkehlchenmännchen blieb bei Andreas und sang ihm etwas vor, wenn er im Garten spielte. Er vergaß nie, wie lieb der kleine Junge zu den kleinen Vögeln gewesen war.
Eines Tages nahm Andreas seine aufziehbare Eisenbahn mit nach draußen. Er baute die Schienen auf dem Rasen zusammen und spielte wunderschön mit dem Zug. Als er abends hereingerufen wurde, mußte er alles schnell abbauen und zusammenpacken, und so bemerkte er erst am nächsten Tag, daß er den Schlüssel für seine fabelhafte Lokomotive verloren hatte.
»Ach, Mami, jetzt kann ich nicht mehr mit meiner Lokomotive spielen, weil der Schlüssel weg ist«, sagte er. »Ich habe

überall im Garten gesucht, aber ich kann ihn nicht finden«, sagte er. »Ach, ich bin so unglücklich.«
Das Rotkehlchen hörte ihn. Es hatte Andreas die Lokomotive aufziehen sehen. Es erriet, was der Schlüssel war – dieses kleine blanke Ding. Es machte sich auf die Suche danach. Und schließlich fand es ihn auch. Kein Wunder, daß Andreas ihn nicht gesehen hatte, denn er war fast ganz in einem Wurmloch verschwunden. Das Rotkehlchen zog ihn heraus. Er war ein bißchen verrostet, aber es war zweifellos der verlorene Schlüssel.
Das Rotkehlchen nahm ihn in den Schnabel und flog damit zum Kinderzimmer. Es setzte sich aufs Fensterbrett und zwitscherte ein bißchen, denn sehr laut singen konnte es nicht mit dem Schlüssel im Schnabel. Andreas schaute auf.
»Oh!« rief er überglücklich. »Du hast meinen Schlüssel gefunden! Du lieber, guter kleiner Vogel! Vielen, vielen Dank!«
»Du hast mir geholfen, ich habe dir geholfen!« trällerte das Rotkehlchen. »So sollte es sein. Wenn der Winter kommt, Andreas,

dann kannst du mir wieder helfen und mir Krümel hinstreuen.«
»Ganz bestimmt!« versprach Andreas ihm, und sicher wird er sein Versprechen auch halten.

Altweibersommer

Jeder kannte die Spinnweb-Elfe. Sie war die geschickteste Schneiderin im ganzen Wichtelland. Ihr hättet mal die Kleider und Mäntel sehen sollen, die sie nähte!
»Ihre Herbstkleider sind wohl die besten«, sagte Zwink. »Sie hat mir im vergangenen Oktober ein wunderschönes Kleid aus einem roten Wildweinblatt gemacht. Damit bin ich zu vielen Festen gegangen.«
»Sie hat mir einen Mantel aus zwei Buchenblättern genäht«, erzählte Fiefo. »Es war ein goldener Mantel, der schönste, den ich jemals besessen habe.«
»Ihre Stiche sind die feinsten, die ich jemals gesehen habe«, sagte Zehenspitz. »Also – die sind so fein, daß ich sie überhaupt nicht sehen kann! Früher habe ich einmal gedacht, daß die Spinnweb-Elfe

unsere Kleider gar nicht näht, sondern sie einfach zusammenzaubert. Das stimmt aber nicht. Ich habe sie schon einmal mit ihrer winzigkleinen Nadel nähen sehen.«
»Ja, aber hast du auch ihren Faden gesehen?« fragte Zwink. »Der ist so dünn und doch so stark, daß ihre Nähte nie wieder aufgehen.«
»Was benutzt sie denn als Faden?« fragte Fiefo. »So ein Garn hätte ich auch gern. Ich gehe zu ihr hin und frage sie.«
Also machte sie sich auf den Weg zur Spinnweb-Elfe. Aber die Elfe war gerade nicht zu Hause. Sie hatte ihre Tür offenstehen lassen, und Fiefo ging hinein. Auf einem Wandbrett sah sie lauter Röllchen – aber sie waren alle leer. Kein einziges Röllchen mit Garn darauf – wie merkwürdig!
Schon bald kam die Spinnweb-Elfe herein. Fiefo lief ihr entgegen. »Ich bin gekommen, um dich etwas zu fragen. Woher kriegst du dein Nähgarn? Ich sehe nichts auf deinen Röllchen.«
Die Spinnweb-Elfe lächelte. »Nein – meine Röllchen sind jetzt alle leer«, sagte sie.

»Aber schon bald wird wieder das feinste, seidigste Garn darauf sein. Ich bekomme nämlich mein Garn immer um diese Jahreszeit.«

»Woher?« fragte Fiefo. »Kann ich auch etwas bekommen? Bitte, ja? Nimm mich mit, damit ich auch etwas kaufen kann.«

»Ich kaufe es nicht«, sagte die Elfe. »Ja, du kannst mitkommen, wenn du willst. Morgen bei Tagesanbruch mache ich mich auf den Weg. Du kannst mir ein paar von meinen Röllchen tragen. Das würde mir helfen.«

Am frühen Morgen gingen Fiefo und die Spinnweb-Elfe zusammen in die Felder. Es war ein herrlicher Morgen, und die Sonne schien milde von einem blauen Himmel.

»Es ist jetzt die Zeit, die man Altweibersommer nennt«, sagte die Elfe. »Hast du das gewußt? Bald werden viele hauchfeine seidige Fäden in der Luft schweben und sich kreuz und quer über die Felder spannen. Da – da kannst du schon welche in der Sonne schimmern sehen!«

Fiefo guckte hin. Ja – sie sah ein paar

feine, lange Fäden, die sich von der Hecke über ihnen hoch in die Luft erstreckten. Bald würde es sie im Überfluß geben.

»Aber was sind das denn für Seidenfäden?« fragte Fiefo staunend. »Wo kommen sie her? Wer macht sie?«

»Klettere mit mir in die Hecke, dann zeige ich's dir«, sagte die Elfe. »Ein paar sehr kleine Freunde von mir machen sie. Wir wollen ihnen mal dabei zugucken.«

Sie kletterten zusammen an der Hecke hoch, wobei sie die Dornen an den Heckenrosenranken als Sprossen benutzten. Schon bald waren sie hoch oben in der Hecke. Da sah Fiefo um sich herum viele winzige junge Spinnen, die fast noch Babys waren.

Manche standen auf Blättern, andere hielten sich an Stengeln fest, und alle spannen lange Seidenfäden.

»Das machen sie mit ihren Spinndrüsen«, sagte die Elfe. »Große Spinnen haben die auch. Guck dir mal die winzige Spinne dort an. Siehst du den langen Faden, der aus ihr herauskommt und in der Luft flattert?«

»O ja!« sagte Fiefo überrascht. Sie sah

Dutzende von winzigen Spinnen, die alle dasselbe taten. »Aber warum machen sie das denn alle, Elfe? Es kommt mir doch sehr merkwürdig vor. Sie weben sich ja kein Netz.«

»Nein, sie ziehen in die Welt hinaus, um ihr Glück zu suchen«, sagte die Elfe. »Jedes Spinnenbaby möchte weg von dem Ort, an dem es geboren ist. Es möchte weit und immer weiter reisen und seinen eigenen Wohnort finden. Also schickt es einen langen, langen Faden in die Luft – und dann, wenn der Faden lang genug ist, erhebt es sich mit diesem hauchfeinen Spinnfaden – und wie ein winziger Fallschirmspringer schwebt es dann über der Erde, bis es schließlich wieder sachte landet.«

»Du liebe Zeit!« sagte Fiefo verblüfft. »Guck, da steigt eins auf, Elfe! Weg ist es im Wind!«

Die winzige Spinne hatte sich vom Blatt losgelassen und ließ sich nun, sanft am Ende des hauchdünnen Spinnfadens schaukelnd, von der Brise davontragen – wirklich wie ein winziger Fallschirmspringer. Fiefo und die Elfe schauten ihr nach,

wie sie davonschwebte, bis sie nicht mehr zu sehen war.
»Und das machen sie alle so, all die Spinnenbabys!« rief Fiefo entzückt. »Och, guck doch nur, wie sie sich an ihren Fäden in die Luft schwingen! Der Wind weht die Fäden weg, und die Spinnen fliegen mit!«
Sie guckten sich das eigenartige Schauspiel eine Weile an. Dann drehte sich Fiefo zu der Elfe um. »Aber, Elfe«, sagte sie, »du nimmst doch wohl den winzigen Spinnen nicht die Fäden weg? Das wäre aber sehr unfreundlich.«
»Natürlich nehme ich sie ihnen nicht weg«, sagte die Elfe. »Wie konntest du das von mir glauben! Nein – sobald die Spinnen ihre Reise hinter sich haben und irgendwo wohlbehalten gelandet sind, brauchen sie ihre Fäden nicht mehr. Dann wickele ich sie auf meine Röllchen. Ganz vorsichtig wickele ich alle Fäden auf, und bald habe ich meine Röllchen voll für die Arbeit des kommenden Jahres.«
»Na, das ist aber eine gute Idee!« rief Fiefo.
»Guck – da kommt eine Spinne von weit her; siehst du, wie sie an ihrem Faden ab-

wärtsschwebt? Da ist sie, gleich neben uns. Kleine Spinne, war das ein Abenteuer, hm?«
»Darf ich bitte deinen Faden haben, falls du ihn nicht mehr brauchst?« fragte die Spinnweb-Elfe höflich. »Oh, danke schön. Der ist schön lang!«
Sie wickelte den Altweibersommerfaden auf ihr Röllchen, immer rum und herum, und schon bald war das Röllchen voll. Die Spinne rannte fix weg, um sich ein hüb-

sches neues Heim unter einem Blatt zu suchen. Vielleicht würde sie dort viele Fliegen fangen. Bald würde sie ein feines Netz spinnen und warten, daß ihr ein Mittagessen hineinflog.
Eine andere Spinne landete etwas weiter entfernt. Fiefo rannte zu ihr hin. Kaum hatte sie ihren dünnen Spinnfaden weggeworfen, da wickelte Fiefo ihn auf das Röllchen, das sie mitgebracht hatte. Hei, das machte Spaß! Wie schlau von der Spinnweb-Elfe, sich das auszudenken!
Jeden Tag zogen Fiefo und die Spinnweb-Elfe nun gemeinsam frühmorgens aus und warteten darauf, daß die abenteuernden Spinnen mit ihren Altweibersommerfäden in ihrer Nähe landeten. Bald hatten sie Dutzende und Aberdutzende Röllchen mit hauchdünnem Seidengarn.
»So. Jetzt haben wir genug!« sagte die Elfe schließlich. »Nun warte ich, bis die Blätter sich verfärben, und dann bin ich bald wieder fleißig bei der Arbeit und schneide Winterkleider und warme Mäntel zu und nähe sie mit den Altweibersommerfäden, die mir die winzigen Spinnen geschenkt

haben. Oh, ich werde sehr viel zu tun haben in diesem Winter!«
Da hatte sie recht. Sie nähte Mäntel aus Brombeerblättern, feuerrot, gelb und rosa; Kleider aus goldenen Haselnußblättern, mit Beeren besetzt, und Mäntel aus leuchtenden Kirschblättern. Die müßtet ihr mal sehen! Aber die Nähte könnt ihr nicht sehen – so fein sind die Altweibersommerfäden der Spinnen.
Habt ihr schon einmal Altweibersommer erlebt? Doch ganz bestimmt. Wenn ihr wollt, könnt ihr auch ein paar von den Fäden mitnehmen, denn die Spinnen brauchen sie nicht mehr. Aber ob ihr sie auch auf ein Röllchen wickeln könnt? Da müßtet ihr schon ganz schön schlau sein!

Der schmutzige alte Teddybär

Es war einmal ein uralter Teddybär im Spielzeugschrank. Er war so alt und so schmutzig, daß niemand wußte, welche Farbe er einmal gehabt hatte, und er selber konnte sich auch nicht mehr erinnern.
Er hatte nur einen Arm, und eins von seinen Beinen war locker. Seine Augen waren eigenartig, links hatte er einen schwarzen Stiefelknopf und rechts einen braunen. Aus einem Loch in seinem Rücken rieselte manchmal Sägemehl. Ihr könnt euch also denken, daß er ein ziemlich armes altes Kerlchen war.
Aber er war weise und freundlich und machte gern Scherze, und darum mochten die anderen Spielsachen ihn gern und stießen sich nicht daran, daß er so schmutzig und so alt war.

»Trotzdem wird man ihn wohl eines Tages in den Mülleimer schmeißen«, sagte der Struwwelmohr und schüttelte sein schwarzes Haupt. »Ganz bestimmt. Weil er ja so alt und schmutzig ist.«
Das kleine Mädchen, in dessen Spielzimmer der Teddybär wohnte, spielte nie mit ihm. Sie hatte einen schönen neuen, blauen Bären mit einem rosa Band um den Hals und zwei wunderhübschen Augen, und er brummte, wenn man ihn in den Bauch piekte. Sie liebte ihn sehr. Sie schubste den alten Teddybären immer weg, wenn er in ihre Nähe kam.
An einem schönen Herbsttag, als draußen die Blätter von den Bäumen fielen und das Kartoffelkraut verbrannt wurde, hob das Kindermädchen den alten Teddybären vom Boden auf und guckte ihn sich an. Ein bißchen Sägemehl rieselte aus dem kleinen Loch im Rücken.
»Du meine Güte!« sagte das Kindermädchen. »Dieser alte Teddybär muß weggeworfen werden – am besten gleich ins Feuer damit!«
»Ja, gut, schmeiß ihn nur weg«, sagte

Jutta. »Ich will ihn nicht haben. Er sieht abscheulich aus mit einem Arm und einem wackeligen Bein. Ich spiele jetzt sowieso nie mehr mit ihm.«

All die anderen Spielsachen hörten entsetzt zu. Was! Den armen alten Teddybären wegwerfen? Ins Feuer? Oh, wie schade und wie schrecklich!

»Gut, ich nehme ihn dann nachher mit«, sagte das Kindermädchen. Sie legte den Teddybären neben sich auf den Tisch und strickte weiter. Bald wurde zum Essen gerufen, und da vergaß das Kindermädchen, daß sie den Teddybären mitnehmen wollte.

Kaum war sie zur Tür hinaus, da riefen die Spielsachen: »Schnell, Teddy! Runter vom Tisch, und versteck dich ganz hinten im Spielzeugschrank!«

Der Bär ließ sich vom Tisch plumpsen und humpelte zum Spielzeugschrank hinüber. Er hatte wirklich große Angst. Er hoffte nur, das Kindermädchen werde sich nicht erinnern, daß es ihn auf dem Tisch liegengelassen hatte.

Sie erinnerte sich nicht – weil sie nämlich,

als sie zurückkam, außer Jutta noch ein anderes Kind bei sich hatte. Ein kleiner Junge hielt sich an ihrer Hand fest, und das Kindermädchen redete mit ihm.
»Es wird dir ganz bestimmt bei uns gefallen, Peterchen. Du kannst mit Juttas Spielsachen spielen und auch mal auf dem Schaukelpferd reiten.«
Peter war Juttas Vetter, und er war für drei Wochen zu Besuch gekommen. Er war ein

lieber kleiner Junge, aber sehr schüchtern. Die Spielsachen beobachteten ihn den ganzen Nachmittag. Er hatte Angst vor dem Schaukelpferd, weil es so groß war. Er mochte das Puppenhaus, weil alles darin so klein war. Er mochte den Brummkreisel, der sich drehte und eine Melodie spielte, und er mochte den Zug, der auf Schienen fuhr.

Als es Zeit zum Schlafengehen wurde und er sein Abendbrot aß, fing er an zu weinen. »Ich habe meinen alten Affen zu Hause vergessen«, weinte er. »Ich nehme ihn immer mit ins Bett. Wenn ich ihn nicht habe, bin ich ganz allein.«

»Nun, du nimmst eins von Juttas Tieren mit ins Bett«, sagte das Kindermädchen und ging mit ihm zum Spielzeugschrank. »Such dir nur aus, was du haben willst, Peter.«

Peter nahm den Struwwelmohr – und dann das Kaninchen – und dann die Matrosenpuppe – und dann den blauen Kater. Und dann sah er plötzlich den schmutzigen alten Teddybären, der mit einem braunen und einem schwarzen Auge zu ihm aufschaute. Peter juchzte laut und holte ihn heraus.

»Ach, kann ich bitte diesen lieben kuschligen Teddybären haben? Er guckt mich so freundlich an – und ich mag seine ulkigen Augen. Oh, bitte, darf ich ihn mit ins Bett nehmen?«

»Du liebe Zeit! Das ist doch der Bär, den ich wegschmeißen wollte!« sagte das Kindermädchen. »Du willst doch nicht solch ein schmutziges altes Spieltier haben!«

»Doch – o ja, doch!« rief Peter und drückte den Bär fest an sich. »Ich weine ganz schlimm, wenn ich ihn nicht haben darf.«

»Natürlich darfst du ihn haben, aber wenn du ihn so gern hast, werde ich ihn morgen ein bißchen flicken müssen«, sagte das Kindermädchen. Also nahm Peter den alten Teddybären mit ins Bett – und ihr könnt euch gar nicht vorstellen, wie glücklich der Bär war!

Er kuschelte sich ganz dicht an Peter. Es war schon so lange her, daß ihn jemand mit ins Bett genommen hatte. Er war so glücklich, daß er sogar wieder brummen konnte, als Peter ihn in den Bauch piekte.

Und am nächsten Morgen – du liebe Zeit! Da nahm ihn das Kindermädchen und machte ihm einen neuen Arm. Sie nähte das wacklige Bein an. Sie flickte das Loch in seinem Rücken – und sie nähte ihm einen schönen blauen Kittel mit kurzen Ärmeln. Ihr glaubt ja gar nicht, wie anders er jetzt aussah! Die anderen Spielsachen guckten ihn staunend und voller Freude an.

»Jetzt wirst du bestimmt nicht weggeschmissen, Teddy«, sagten sie. »Du siehst einfach wunderbar aus!«

Ein Zauber für Herrn Dummerjan

Herr Dummerjan war ein Wichtel, der seinen Kopf nicht gern anstrengte und darum auch oft nicht aufpaßte.
An einem Oktobertag kam er zu nahe an ein Reisigfeuer in seinem Garten, und da brannte sein Bart ab!
Er war völlig verstört. Er beguckte sich im Spiegel und stöhnte. »Die Prinzessin gibt nächste Woche ihr Fest – und jetzt habe ich keinen Bart! Wer hat schon mal von einem Wichtelzwerg ohne Bart gehört?«
Er sah auch wirklich komisch aus. Sein Freund Spitznase kam gerade vorbei, um ihn zu besuchen.
»Du liebe Zeit, Dummerjan«, sagte er, »du mußt aber irgend etwas mit dem Bart machen. So kannst du unmöglich zu dem Fest gehen.«

»Na, ich kann mir schließlich nicht in einer Woche einen neuen Bart wachsen lassen, oder?« rief Dummerjan. »Ich wünschte, ich wüßte einen Zauber, der ihn schnell wachsen läßt!«
»Geh doch mal zu Frau Fleißig«, schlug Spitznase vor. »Sie hat Zauber für alles. Sie ist sehr, sehr schlau.«
»Ja, ich gehe sofort zu ihr«, sagte Dummerjan folgsam, setzte seinen Hut auf und ging.
Frau Fleißig hielt nicht viel von Dummerjan. Sie hielt ihn für dumm und denkfaul, und sie hatte schon oft bei sich gedacht, daß es ihm gut tun würde, wenn man ihm einmal einen tüchtigen Denkzettel verpaßte. Sie sah ihm entgegen, als er nun holterdipolter bei ihr zur Tür hereinkam.
»Na, Dummerjan, so schnell habe ich dich schon lange nicht mehr laufen sehen«, sagte sie. »Was gibt's denn? Und was hast du denn bloß mit deinem Bart gemacht?«
Dummerjan erklärte ihr, was passiert war. »Und deshalb hätte ich nämlich jetzt gern einen Zauber, der ihn schnell wieder wachsen läßt.«

»Hm, ich kenne einen Zauber dafür«, meinte Frau Fleißig, »aber er ist teuer, sehr teuer.«
»Oh«, sagte Dummerjan. »Wie teuer? Ich muß ihn unbedingt haben!«
»Er kostet dich einen ganzen Sack von deinen Äpfeln«, sagte Frau Fleißig, die in ihrem Garten überhaupt keine Äpfel hatte.
»Gut.« Dummerjan seufzte. »Nun sag mir den Zauber!«
»Ich mache ihn dir, sofort sogar«, versprach Frau Fleißig. »Und wenn er fertig ist, kannst du mir sagen, ob du ihn immer noch haben willst.«
Sie holte eine grüne Glasschüssel vom Brett. Sie schüttete kochendes Wasser hinein. Der Dampf stieg zur Decke auf. Dann holte sie eine reife Mohnblume und streute den Samen ins Wasser, als schüttelte sie Pfeffer aus einem Pfefferstreuer.
Dann schnitzelte sie einen scharlachroten Fliegenpilz in die Schüssel und zupfte ihrem Kater Glutauge vier schwarze Haare aus dem Schwanz. Auch die kamen in die Brühe und dann drei auf einen Spinnfaden

aufgezogene schillernde Tautropfen. Die zischten leise.
Dann murmelte Frau Fleißig ein paar Zauberworte, die Dummerjan mit gespitzten Ohren aufzuschnappen versuchte. Das dampfende Wasser in der Glasschüssel wurde sofort knallgelb und dampfte nicht mehr, sondern blubberte.
»So«, sagte Frau Fleißig und guckte Dummerjan scharf an, »jetzt hör gut zu, Dummerjan! Dies ist ein starker Zauber, der Bärte sehr, sehr schnell wieder wachsen läßt. Er muß jetzt nur noch mit einer Kuckucksfeder umgerührt werden. Dann schmierst du ihn dir ins Gesicht und wartest zwei Tage.«
»Das ist einfach!« Dummerjan war hoch erfreut. »Ich gehe heute noch hin und suche mir einen Kuckuck und bitte ihn um eine Feder. Und falls ich keinen Kuckuck finden kann, könnte ich auch sein Nest suchen, darin finde ich vielleicht eine alte Feder. Ginge es auch mit einer alten Feder, Frau Fleißig?«
»Falls du ein Kuckucksnest finden kannst, genügt wohl gewiß auch eine alte Feder«,

sagte Frau Fleißig. »Nun denk mal scharf nach, Dummerjan – ich habe dir einen Zauber gebraut, der deinen Bart schnell wachsen läßt – und ich habe dir gesagt, womit du ihn umrühren mußt. Willst du den Zauber immer noch haben?«
»Aber *ja*!« antwortete Dummerjan sofort. »Natürlich will ich ihn haben. Ich nehme ihn gleich mit, wenn ich darf, und bringe dir heute mittag die Äpfel.«
Frau Fleißig goß den blubbernden gelben Zauber in eine große Flasche und gab ihn Dummerjan, wobei sie ein bißchen lächelte.
»So, da hast du ihn!« sagte sie. »Es wird *deine* Schuld sein, wenn dein Bart nicht schnell wächst, Dummerjan!«
Dummerjan freute sich. Er tanzte und hüpfte nach Hause. Er zählte hundert gute Äpfel ab, tat sie in einen Sack und brachte sie Frau Fleißig ins Haus.
Dann hüpfte er los, um einen Kuckuck zu suchen. Es war ein wunderschöner Herbsttag. Brombeeren reiften im Wald. Die Blätter verfärbten sich. Dummerjan hüpfte selig dahin. Er wartete, daß ein

Kuckuck rief. Jeder kannte ja das laute *Kuckuck* des Kuckucks.
Aber er hörte keinen Kuckuck rufen. Wie merkwürdig! Er suchte den Wald von einem Ende zum anderen ab, aber er konnte keinen Kuckuck finden, ja nicht einmal hören!
»Was suchst du denn, Dummerjan?« fragte ihn die blankäugige Elfe.
»Ach, einen Kuckuck«, sagte Dummerjan. »Ich habe schon überall gesucht und kann keinen finden!«
»Dummer Dummerjan!« sagte die Elfe. »Weißt du denn nicht, daß die Kuckucke schon längst nach Süden geflogen sind? Ich habe schon seit Juli keinen Kuckuck mehr gehört!«
»Ja, wenn ich's mir jetzt überlege, *ich* eigentlich auch nicht«, sagte Dummerjan. »Wie dumm von mir! Ich habe vergessen, daß sie schon so früh nach Süden ziehen!«
Er streifte noch einmal durch den Wald, und diesmal suchte er nach einem Kukkucksnest. Und wie er suchte! Aber er konnte nur Amsel- und Drosselnester

finden. Er hätte zu gern gewußt, wie ein Kuckucksnest aussah. Er mußte unbedingt eins finden, denn wo sollte er sonst eine Feder hernehmen, um den Zauber umzurühren?

»Dummerjan, was suchst du denn *jetzt*?« fragte die Elfe.

»Ein Kuckucksnest«, sagte Dummerjan mürrisch. »Aber anscheinend gibt es hier im Wald überhaupt keine!«

Die Elfe lachte laut. »Ach, Dummerjan, wie bist du doch dumm! Weißt du denn nicht, daß der Kuckuck *nie* ein Nest baut? Er legt seine Eier anderen Vögeln ins Nest.«

»Ach ja? Wirklich?« sagte Dummerjan erstaunt. »Also – daß ich das nicht gewußt habe!« Plötzlich machte er ein sehr langes Gesicht. »Oje! Dann nützt mein Zauber mir gar nichts! Die Kuckucke sind alle weggezogen, also kann ich keinen um eine Feder bitten – und sie bauen keine Nester, also kann ich auch keine alte Feder in einem Nest finden! Jetzt wird mein Bart nicht wachsen, und ich kann nicht zu dem Fest gehen. Hu-hu-hu-u-u-u!«

»Armer Dummerjan!« sagte die Elfe und

lachte. »Du machst auch nie deine Augen und Ohren auf, und deinen Kopf strengst du auch nicht an, hm? Geschieht dir recht, daß dir solch ein Streich gespielt wird. Vielleicht denkst du von nun an ein bißchen mehr nach.«

Tja, vielleicht denkt er mehr nach – vielleicht auch nicht! Mal ganz ehrlich: Hättet *ihr* nach einem Kuckuck gesucht und nach seinem Nest??

Drosselfrühstück

Es war ein wunderschöner Frühlingsmorgen; die Vögel sangen, und die Sonne schien so hell in Beates Zimmer, daß sie schon früher als sonst aufwachte und aus dem Bett sprang, ohne darauf zu warten, daß ihre Mutter sie rief.

»Ich muß nach draußen gehen und nachsehen, was meine Pflanzen machen«, dachte sie. »In letzter Zeit hat es so viel geregnet, daß ich schon eine ganze Weile nicht mehr im Garten war. Ich gehe noch vor dem Frühstück.«

Sie zog sich schnell an und lief in den Garten. Die Luft roch warm und feucht nach dem Regen. Beate hatte ein eigenes kleines Beet, das sie mit besonderer Liebe bestellte und pflegte, und sie hoffte, daß ihre Pflanzen tüchtig gewachsen waren.

Das waren sie auch, aber oje! Von fast jedem Blatt war ein Stück abgebissen! Beate war ganz außer sich. Sie lief durch den ganzen übrigen Garten. Ja – Vatis Pflanzen sahen ganz genauso aus. Viele von seinen jungen Salatpflänzchen waren fast ganz abgefressen.

Sie rannte ins Haus zurück und stürzte ins Eßzimmer, wo Mutti, Vati und Peter beim Frühstück saßen.

»Vati!« rief sie. »Was ganz Abscheuliches! Jemand frißt alle unsere jungen Pflanzen! Und es muß etwas Großes sein – nicht nur eine Raupe oder eine Larve!«

»Wahrscheinlich die Schnecken«, sagte Vati. »Die haben ja schließlich vierzehntausend Zähne auf der Zunge. Sie können eine Menge Schaden anrichten in einer Nacht! Und nach dem Regen sind meistens ganze Scharen unterwegs.«

»Du liebe Zeit – haben Schnecken Zähne auf der Zunge?« fragte Peter. »Das wußte ich gar nicht. Vierzehntausend Zähne – Mensch, dann muß ihre Zunge ja die reinste Raspel sein!«

»Ist sie auch«, sagte Vati, »eine richtige

Raspel. Natürlich sind es nicht solche Zähne, wie du und ich sie haben, Peter! Aber sie sind sehr kräftig, und eine Schnecke kann in einer Nacht mit ihrer Bandzunge eine junge Pflanze fast ganz kahlfressen.«

»Aber nutzt die Zunge sich denn nicht ab?« fragte Beate.

»Doch. Aber sie wächst auch immer wieder nach«, sagte Vati.

»Hm, was machen wir denn jetzt mit den Schnecken?« fragte Beate. »Ich meine – was sollen wir dagegen machen? Wir können sie doch nicht einfach den ganzen Garten kahlfressen lassen. Es müssen Dutzende sein.«

»Frühstücke erst mal«, sagte Vati, »dann wollen wir uns den Schaden ansehen.«

Bald standen sie im Garten und betrachteten die Pflanzen. Sie gingen von einem Beet zum anderen. Plötzlich blieb Vati stehen und zeigte auf etwas.

»Hallo!« sagte er. »Wir brauchen uns keine großen Sorgen zu machen wegen unserer Schneckenplage. Jemand anderes hat's schon gemerkt und unternimmt schon

was. Seht ihr den Stein dort? Das ist der Drossel-Amboß – da schleppt sie die Schnecke hin, wenn sie eine aufgepickt hat, um das Schneckenhaus zu zerschlagen.«

Die Kinder sahen einen großen Kiesel am Wegrand. Rundherum lagen zerbrochene Schneckenhäuser.

»Ist die Drossel wirklich so schlau, daß sie den Stein als Amboß benutzt?« fragte Peter etwas ungläubig.

»Hm, kommt mit in die Laube, dann wollen wir es uns mal angucken«, sagte Vati. »Es ist immer besser, man sieht etwas selber, als daß man nur von anderen darüber hört. Kommt!«

Sie setzten sich in die Laube und verhielten sich still. Sie brauchten nicht lange zu warten. Schon bald kam eine braungesprenkelte Drossel angeflogen und landete neben dem Stein.

»Sie hat eine Schnecke im Schnabel!« flüsterte Beate.

Tatsächlich. Und nun nahm sie sich die Schnecke vor. Sie schlug sie immer wieder mit ziemlicher Wucht auf den steinernen

Amboß. Teck, teck, teck, teck, teck, teck!
»Das Geräusch habe ich schon oft gehört, aber ich wußte nie, was es war!« flüsterte Peter. »Jetzt weiß ich, daß es eine Drossel ist, die ihren Amboß benutzt!«
Die Drossel mußte sich ganz schön anstrengen. Das Schneckenhaus war stark und wollte nicht zerbrechen. Die Drossel schlug es mit aller Macht auf den Stein. Krach!
»Es ist aufgebrochen!« sagte Beate. »Jetzt kann sie an die weiche Schnecke heran. Sie frißt die Schnecke, Vati.«
»Arme Schnecke!« sagte Peter. »Aber sie darf auch unseren Salat nicht fressen!«
»Schlaue Drossel!« sagte Vati und stand auf. »Nun – ich glaube, die Schnecken können wir ihr überlassen. Sie wird damit fertig – was meint ihr?«

Der abenteuerlustige Ballon

Tante Marie lud alle ihre Nichten und Neffen zu einem großen Kinderfest ein. Es wurde ein wunderschönes Fest mit Knallbonbons und Luftballons und lauter leckeren Sachen zum Essen.
Ein Ballon war da, den hatte man, wohl aus Versehen, sehr viel dicker aufgeblasen als die anderen. Er schwebte mit allen anderen zusammen in einem dicken großen Bündel und freute sich des Lebens.
Wie groß ich bin! dachte er eingebildet. Wie überaus groß! Viel größer als die anderen. Ich bin ein Riesenballon, und wenn meine Schnur lang genug wäre, könnte ich zu diesem großen Ballon am Himmel hinauffliegen – wie heißt der doch wieder? Ah ja, der Mond. Bestimmt bin ich genauso groß wie der Mond.

Er hätte gern gewußt, welches Kind ihn wohl bekommen werde. Tante Marie überlegte es sich auch. Er war solch ein schöner großer blauer Ballon mit solch einem hübschen Lachgesicht, daß sie sich sagte, er müsse eigentlich der Preis für irgend etwas sein.
»Ich gebe ihn als Preis für den Gewinner der ›Reise nach Jerusalem‹«, überlegte sie. »Wer bei der ›Reise nach Jerusalem‹ gewinnt, bekommt den großen Ballon!«
Alexandra gewann ihn. Sie freute sich sehr. Sie nahm den großen dicken Ballon von ihrer Tante entgegen und hielt ihn im Arm und drückte ihn, der fest und weich zugleich war, liebevoll an ihre Wange.
»Er fühlt sich wundervoll an«, sagte sie. »Es ist ein Riesenballon. Er wird nie, *nie* platzen!«
Platzen! Was soll denn das heißen? dachte der dicke Ballon. Warum sollte ich platzen? Ich platze nie und nimmer!
Und plötzlich machte es laut *peng* in der Nähe. Jemand anderem war der Ballon geplatzt. Alle Kinder kriegten einen Schreck und die Ballons auch. So ein

gräßliches Geräusch! Und wo war jetzt der Ballon? Gerade hatte da noch ein wunderschönes großes, gelbes Ding gehangen – nun war's verschwunden, und nichts blieb mehr zu sehen als ein winziger, schmuddelig aussehender Gummifetzen an einem Stück Bindfaden, zerrissen und zottelig.
Der große Luftballon bekam Angst. War es das, was man Platzen nannte? Dieses *Peng* gefiel ihm ganz und gar nicht! Alexandra warf ihren großen Ballon hoch in die Luft und hielt ihn an der Schnur gut fest.
»Guckt doch mal – guckt doch mal! Wie dieser riesige Luftballon fliegt!« rief sie. »Ist er nicht wunderschön? Bestimmt könnte er wie ein Drachen fliegen, wenn ich einen langen Bindfaden hätte und mit ihm nach draußen in den Wind ginge!«
Der große Ballon versuchte, zur Decke aufzusteigen, aber das ging nicht. Die Schnur hielt ihn fest. Ekelhafte Schnur! Der Luftballon wünschte, er könnte von der Schnur weg.
Alexandra nahm den großen Luftballon mit nach Hause. Sie hängte ihn in ihrem Zimmer über dem Fußende des Bettes auf.

Der Wind wehte zum Fenster herein und spielte mit ihm, daß er hin und her tanzte. Das gefiel ihm gut.
Am nächsten Tag nahm Alexandra den großen Luftballon an seiner Schnur mit nach draußen in den Wind. Der Wind trieb sein lustiges Spiel mit ihm und blies ihn hoch in die Luft. Aber die Schnur holte ihn immer wieder herunter.
Als ob ich ein Hund an der Leine wäre und nicht ein wunderschöner Luftballon, der zum Mond fliegen möchte! dachte der Luftballon ärgerlich. Warum bindet Alexandra mich nicht an einen längeren Bindfaden? Oh, ich wünschte, ich könnte ganz, ganz hoch fliegen!
Und dann, als der Wind wieder mal besonders kräftig wehte, riß der Luftballon so heftig an seiner Schnur, daß sie Alexandra aus den Fingern rutschte – und sofort schoß der Ballon hoch in die Luft und über die Bäume hinweg!
Ich bin frei, ich bin frei! dachte er, und sein Lachgesicht guckte lachend zu Alexandra hinunter. Das kleine Mädchen aber war ganz fassungslos und fing an zu weinen.

»Du bist weg! Du bist der größte Luftballon, den ich jemals gehabt habe, und jetzt bist du weg! Du wirst irgendwo anstoßen und platzen. Oh, nimm dich bitte in acht, Luftballon, und bumse gegen nichts Scharfes!«
Der Luftballon stieg immer höher. Er wollte zu den Wolken. Waren das vielleicht auch weiße Luftballons? Und wo war denn der Mond? Der müßte doch eigentlich wie ein großer silberner Luftballon am Himmel hängen. Vielleicht kam er, wenn es dunkel wurde, und dann konnte der große Luftballon zu ihm hinauffliegen und mit ihm reden. Er war überzeugt, daß er größer sein würde als der Mond!
Der Wind flaute ab. Der Luftballon kam wieder näher an die Erde heran. Er fiel, er fiel immer tiefer. Er flog dicht an einem Baum vorbei. Vorsichtig, vorsichtig, Luftballon – das da ist ein Stechpalmenstrauch! *Vorsicht!* Der hat spitze Stacheln! Gleich platzt du – gleich machst du *peng*!
Ein Rotkehlchen piepste: »Geh weg! Du machst gleich peng-bumm! Geh weg!«
Der Luftballon schlug einen Haken um den

Stechpalmenstrauch. Oje – das war gerade noch einmal gutgegangen! Die Stacheln waren wirklich schrecklich spitz, in die er da fast geflogen wäre!
Er sank noch tiefer. Ein Spatz zwitscherte laut: »Luftballon, nimm dich in acht! Das ist Stacheldraht! Der hat lauter spitze Stacheln. Die pieken dich, und dann *platzt* du. Du machst *peng*, und wir sehen dich nicht mehr!«
Der Luftballon entging dem Stacheldraht um Haaresbreite. Er war so erschrocken, daß sein Lachgesicht nun überhaupt nicht mehr lachte. Er wünschte allmählich, er wäre bei Alexandra – sicher und wohlbehalten an einer hübschen kurzen Schnur!
Er fiel auf die Erde und flog auf und ab hopsend noch weiter. Ein Kaninchen sah ihn und rannte hinterher und schlug mit der Pfote nach ihm.
»Nicht! Dann muß ich platzen!« rief der Luftballon mit seiner Gummiquietschstimme. Der Wind hob ihn ein Stückchen hoch, so daß das Kaninchen nicht mehr an ihn heranreichte – aber bald fiel er schon wieder auf die Erde zurück. Diesmal

landdete er in der Nähe eines Bauernhofs. Zwei Hühner kamen sofort angerannt. »Was ist das? Kann man das fressen? Sollen wir mal reinpicken?«
»Nein, nein, nein! Dann muß ich sicher platzen!« rief der Luftballon. »Laßt mich bloß in Ruhe!«
Eins von den Hühnern pickte kurz und kräftig auf den Luftballon ein, aber noch nicht kräftig genug, und der Luftballon platzte nicht, wenn ihm das Picken auch sehr mißfallen hatte. Das andere Huhn rannte gegen ihn an – aber der Luftballon sprang gerade noch rechtzeitig über einen Zaun. Oje, was für ein Leben!
Er tanzte in ein Feld, wo eine hungrige Ziege stand. Nanu! Was ist das? dachte die Ziege und trabte auf den Luftballon zu. Etwas zum Fressen? Etwas Dickes und Rundes, das lecker schmeckt und schön satt macht?
Die Ziege trat mit einer Pfote auf die Schnur, die der Luftballon um den Hals trug. Sie bückte sich, um in den Ballon zu beißen – aber da kam glücklicherweise ein Windstoß und pustete ihn, der nun schon

vor Angst zitterte, noch einmal ein Stück weiter.

»Alexandra, Alexandra, wo bist du? Komm bitte und hol mich!« rief der arme Ballon.

Die Ziege hatte den Luftballon nicht zum Platzen gebracht, aber sie hatte die Schnur an seinem Hals gelockert, als sie darauf trat. Ganz allmählich entwich nun die Luft aus dem Luftballon. Er wurde kleiner. Der Wind nahm ihn wieder mit, und, ob ihr's glaubt oder nicht, er wehte ihn geradewegs über Alexandras Hecke in ihren Garten, was doch sehr erstaunlich ist.

Alexandra war gerade im Garten und sah den Ballon sofort. »Oh!« rief sie und lief zu ihm hin. »Was für ein klitzekleiner Luftballon! So einen winzigen habe ich in meinem Leben noch nicht gesehen! Du bist ja ein Luftballonbaby!«

Na, so was! Der Luftballon wunderte sich sehr. Er wußte nicht, daß er kleiner geworden war und immer noch kleiner wurde.

Aber plötzlich fiel ihm auf, daß Alexandras Hand ihm sehr, sehr groß vorkam – da merkte er, daß er nun sehr klein war. Er war die längste Zeit ein Riese gewesen.

Alexandra nahm ihn mit ins Haus und brachte ihn zu seinen Brüdern und Schwestern. Wie winzig er war! Die anderen lachten über ihn.
»Du willst ein Ballon sein? Du Kugelwürstchen! Wo kommst du denn bloß her, du kleiner Winzling?«
»Ich war einmal ein Riesenluftballon«, sagte der Ballon kleinlaut und bescheiden. »Ich wollte zum Mond fliegen und mal sehen, ob ich genauso groß bin wie er. Aber ich bin klein geworden.«
»Du wirst immer noch kleiner«, sagte der rosa Ballon. »Bald ist überhaupt nichts mehr von dir übrig. Du Armer!«
Er hatte recht.
Der Luftballon schrumpfte immer weiter ein, bis er weiter nichts war als ein bißchen blauer Gummi. Er kam sich sehr klein und bescheiden und unnütz vor.
Ach, wenn ich doch nur wieder so groß wäre wie früher! Ich würde nicht prahlen oder über meinen Bindfaden murren oder zum Mond fliegen wollen! dachte das winzige Stückchen Gummi. Ich würde vernünftig sein und verständig. Aber dazu ist

es jetzt zu spät. Jetzt bin ich zu nichts mehr nütze!
Aber am Tag darauf nahm Alexandras Vater den Luftballon, knotete die Schnur auf und blies und blies und blies hinein.
Er schwoll an – er wurde dick und rund und fett. Er hatte ein breites Lachgesicht. Er war *riesig*!
»Nanu! Das ist doch der Luftballon, den ich beim Fest gewonnen habe! Ja, das muß er sein!« rief Alexandra. »Ich kenne sein Gesicht – und er ist ganz genauso groß! Nun reiß dich aber nicht noch einmal los und flieg weg, Luftballon – sonst kommst du vielleicht nie wieder zurück. Und vielleicht *platzt* du sogar!«
»Keine Bange. Jetzt bin ich vernünftig«, versicherte der große Ballon, während er an der Schnur hin und her tanzte. »Ich will nicht zum Mond fliegen. Ich will immer nur an der Schnur bleiben und glücklich und zufrieden mit dem sein, was ich habe.«

Alexandra hat ihn immer noch. Sie hat ihn inzwischen noch fünfmal aufblasen müssen, aber er ist immer noch da – und für ei-

nen Luftballon ist er sehr, sehr alt, denn sie hat ihn jetzt schon über zwei Jahre.
Ich habe ihn gesehen – und ich habe ihn an der Schnur fliegen lassen.
Und ich mag sein Gesicht wirklich gern. Es lacht und lacht und lacht!